安徽省圖書館藏桐城派作家稿本鈔本叢刊

吴汝綸卷

安徽省圖書館 編

北京师范大学出版集团
BEIJING NORMAL UNIVERSITY PUBLISHING GROUP
安徽大学出版社

圖書在版編目(CIP)數據

安徽省圖書館藏桐城派作家稿本鈔本叢刊. 吴汝綸卷/安徽省圖書館編. 一合肥:安徽大學出版社,2020.12

ISBN 978-7-5664-2196-8

Ⅰ. ①安… Ⅱ. ①安… Ⅲ. ①中國文學一古典文學一作品綜合集一清代 Ⅳ. ①I214.91

中國版本圖書館 CIP 數據核字(2020)第 272390 號

安徽省圖書館藏桐城派作家稿本鈔本叢刊·吴汝綸卷

ANHUISHENG TUSHUGUAN CANG TONGCHENGPAI ZUOJIA GAOBEN CHAOBEN CONGKAN WURULUN JUAN

安徽省圖書館　編

出版發行:北京師範大學出版集團
安 徽 大 學 出 版 社
(安徽省合肥市肥西路 3 號 郵編 230039)
www.bnupg.com.cn
www.ahupress.com.cn

印　　刷:安徽新華印刷股份有限公司
經　　銷:全國新華書店
開　　本:184mm×260mm
印　　張:21.25
字　　數:75 千字
版　　次:2020 年 12 月第 1 版
印　　次:2020 年 12 月第 1 次印刷
定　　價:340.00 圓
ISBN 978-7-5664-2196-8

總　策　劃:陳　來　齊宏亮　李　君
執行策劃編輯:王　黎　李　健
責 任 編 輯:王　黎　李　健
責 任 校 對:王　晶

裝幀設計:李　軍　孟獻輝
美術編輯:李　軍
責任印製:陳　如　孟獻輝

《安徽省圖書館藏桐城派作家稿本鈔本叢刊》

編纂委員會

主　　任　林旭東

副 主 任　許俊松　王建濤　高全紅

編　　委　常虛懷　彭　紅　王東琪　周亞寒　石　梅　白　宫　葛小禾

學術顧問　江小角　王達敏

序　言

關愛和

桐城歷史悠久，人傑地靈。立功有張英、張廷玉父子，位極人臣；立言則有方苞、劉大櫆、姚鼐，號令文壇。桐城之名，遂大享於天下。

方苞於一六九一年入京師，以文謁理學名臣李光地，與人論行身祈向，有『學行繼程朱之後，文章介韓歐之間』之語；一七〇六年成進士；一七一一年因《南山集》案入獄，後以能古文而獲救，入值南書房，官至禮部侍郎；一七三三年編《古文約選》，爲選於成均的八旗弟子作爲學文範本；後兩年，又編《四書文選》，詔令頒布天下，以爲舉業準的。方苞論古文寫作，有『義法説』。義者言有物，法者言有序。其爲文之理，旁通於制藝之文，因此影響廣大。姚鼐於一七六三年成進士，一七七三年入《四庫全書》館，兩年後因館中大老，皆以考博爲事，憤而離開，在南京等地教授古文四十餘年，其弟子劉開稱姚鼐『存一綫於紛紜之中』。姚鼐到揚州梅花書院的第二年，作《劉海峰先生八十壽序》，編織了劉大櫆學之於方苞，姚鼐學之於劉大櫆的古文師承關係，引友人『天下文章，其出於桐城』的贊語，使得『桐城派』呼之欲出。一七七九年，姚鼐編《古文辭類纂》，以『神理氣味格律聲色』論文。編選古文選本，唐宋八家後，明僅録歸有光，清録方苞、劉大櫆，爲桐城派張目。姚鼐之後，遂有桐城派之名。

桐城派自姚鼐後規模漸成，名聲噪起。桐城派作爲一個散文流派，綿延二百餘年。其自身的發展大致經歷了初創、承守、中興、復歸四個時期。康、雍、乾年間，是桐城派的初創期。桐城派三祖——方苞以義法説，劉大櫆以神氣説，姚鼐以陽剛陰柔、神理氣味格律聲色説，奠定了桐城派散文理論的基礎；方、劉、姚又以其言簡有序、清淡樸素的散文創作名噪文壇，贏得『天下文章，其在桐城乎』的贊譽。嘉、道年間，是桐城派的承守期。姚鼐晚年，講學於江南各地，門生弟子廣布海内，桐城之學，掩映一時文壇。其中著名者如梅曾亮、管同、劉開、方東樹、姚瑩等人，承繼師説，標榜聲氣，守望門户，各擅其勝。咸、同年間，是桐城派的中興期。曾國藩私淑姚鼐，雅好古文，於戎馬倥傯之中，尋求經濟、義理、考據、辭章的重新組合，試圖以博深雄奇、氣象光明之方藥救桐城派文規模狹小、文氣拘謹之病，并以『早具行遠之堅車』矚望於門生弟子，别創湘鄉派。光、宣年間，是桐城派的復歸期。曾氏四弟子中，惟吴汝綸爲桐城人。吴氏於甲午之後，重提方、姚傳統，抑閎肆而張醇厚，黜雄奇而求雅潔，倡導恢復以氣清、體潔、語雅爲特色的桐城派文，并得到了馬其昶、姚永樸、姚永概等桐城籍作家的積極響應，桐城之學，再顯一時之盛。

安徽省圖書館一九一三年始建於安慶，與桐城派在同一地發祥并成長。安徽省圖書館在一百多年的發展歷史中，以珍貴古籍文獻收藏豐富，特别是本省古籍文獻收藏豐富而爲學術界所矚目。此次安徽省圖書館將館藏桐城派作家稿本、鈔本，以叢刊方式，編輯出版，一定會大有惠澤於學林。我們期望海内外桐城派研究者能早日共享出版成果。

前言

隨著對優秀傳統文化價值的重新認識，近年來，對在我國有極大影響的桐城派的研究也不斷升温。桐城派作家文集的整理出版，爲研究者提供了方便，推動著相關研究的展開。如由嚴雲綬、施立業、江小角主編，被列入國家清史纂修工程的《桐城派名家文集》，收入姚範等十七位作家的詩文集和戴名世等十一位作家的文章選集，總計十五册，一千多萬字。此書的出版有助於改變以往桐城派研究資料零散不足的狀況，也爲學術界開展清代文學史、文化史、思想史、教育史、政治史、社會史等研究工作提供了寶貴資料。

在充分肯定新世紀以來桐城派作家文集整理出版與研究取得豐碩成果的同時，我們不難發現，當前桐城派作家文集整理與研究的工作，與學界的要求和期盼還不相適應，仍然有拓展與提升的空間。桐城派是一個擁有一千多人的精英創作集團，即使如方苞、劉大櫆、姚鼐這樣的大家，仍有不少基礎文獻資料尚待發掘，一些有影響、有建樹的作家，更是鮮爲人知。可以説，基礎文獻整理出版工作的滯後，會影響和制約桐城派研究的進一步發展。

爲了滿足學界對於桐城派資料建設的需要，在人力、物力有限，又想最大限度地保留原書的真實面貌的情況下，我們推出了《安徽省圖書館藏桐城派作家稿本鈔本叢刊》（以下簡稱《叢刊》）。

安徽省圖書館一直十分重視桐城派作家稿本、鈔本的收集，積累了大量的原始文獻。《叢刊》所收集的對象，有方苞、劉大櫆、姚範、姚鼐、光聰諧、姚瑩、戴鈞衡、方守彝、方宗誠、吳汝綸、姚濬昌、馬其昶、姚永楷、姚永樸、姚永概等。桐城派的重要作家幾乎都包括在内。《叢刊》并非泛濫收録，良莠不辨，而是頗爲看重文獻本身的價值，可以説『價值』和『稀見』是本《叢刊》收録文獻的兩大原則。

安徽省圖書館此次將珍貴的稿本、鈔本資料公之於衆，順應了習近平總書記讓『書寫在古籍裡的文字都活起來』的號召，滿足了讀者的閲讀需求。《叢刊》的出版，既有利於古籍的保護，也有利於古籍的傳播，希望對推動桐城派研究有所裨益。

編者

二〇二〇年三月

凡例

一、《叢刊》采取『以人系書』的原則，每位桐城派作家的作品一般單獨成卷，因入選作品數量太少不足成卷者，則以數人合并成卷。共收稿本、鈔本三十六種，分爲九卷二十五册。

二、《叢刊》遵循稀見原則，一般僅收録此前未經整理出版的稿本和鈔本。

三、《叢刊》大體按照作家生年先後爲序，卷内各書則依成稿時間爲序，或因作品性質而略有調整。

四、各卷卷首有作家簡介，每種作品前有該書簡介。

五、《叢刊》均照底本影印，遇有圖像殘缺、模糊、扭曲等情形亦不作任何修飾。

六、底本中空白葉不拍；超版心葉先縮印，再截半後放大分别影印放置；某些底本内夾有飛簽，則先拍攝夾葉原貌，然後將飛簽掀起拍攝被遮蓋處。

目録

吴汝綸

吴先生三國志評點·荀子評點·惜抱先生國語評點

吴摯甫先生文

吴摯甫先生函稿

吴汝綸

簡介

吴汝綸（一八四〇—一九〇三），字摯甫，安徽桐城人，同治四年（一八六五）進士。光緒十四年（一八八八）任保定蓮池書院講席，光緒二十八年（一九〇二）赴日本考察教育，同年十月回國後創辦桐城中學。吴汝綸著述宏富，各類著作傳世者達一百七十餘種。

吴先生三國志評點一卷·荀子評點一卷·惜抱先生國語評點一卷

吴先生三國志評點・荀子評點・惜抱先生國語評點

《吴先生三國志評點》一卷、《荀子評點》一卷、《惜抱先生國語評點》一卷，紅格傳鈔本。一册。半葉九行，小字雙行，行字數不等，白口，單紅魚尾，四周雙邊。框高十四點七厘米，寬十點七厘米。版心下印『松歲齋』。眉上偶有朱、墨筆批注。題名據原簽條著録。

是書實爲三部書之評點、批語過録本，每部分條標起止字句，注明此處所用勾畫圈點符號。《惜抱先生國語評點》題下注云『甲午十月借馬鐵厓臨本録之』。

吴先生三國志評點

魏志武帝　著子嵩嗣至生出本末連點　建安元年汝南潁川黄巾云云　批云孫堅死而後孫策起初平四年已書孫策渡江此云堅者誤也

五年　公勒兵駐營至紹軍大震連點　孫策聞公至刺客所殺連點　初桓帝時至天下莫敵矣連點

九年　初紹與公至無所不可連點

十五年下令曰云云每句坐點

十六年　公與遂交至擊大破之連點

十九年　漢皇后伏氏至皆伏法連點

二十二年　漢太尉令至等反連點令曰古之至使足相容連點

文帝　初帝好文学至號曰皇覧連點

高貴鄉公　夏四月庚戌賜大將軍司馬文王衮冕之服云云批云記問雜諸

經於賜衮冕之後最有微旨

文昭甄皇后　至豪文昭皇后至示後世也連點　明帝愛女至龍公主

爵連點　曾云此語于此極矣

文德郭皇后　没在銅鞮侯家連點　文帝定为嗣后有謀焉連點

甄后之死由后之寵也連點

明悼毛皇后　以選入東宮連點　帝即位至義舉者也連點　嘉本

典虞至人以爲笑連點

明元郭皇后 本郡反叛遂没入宫連點

董卓 篇上一圈 置家令丞 一横 其凶逆如此 一横 初卓女壻上一圈

嘗云除叙傕汜張濟胡才張承韓遂馬騰馬超段煨文勢遠邁有似史記

遲年不能奉王法至死於蜀連點

呂布 篇上一圈 與張楊合 至 莫敢逼近者連點

張邈傳上一圈 勅家曰至其親如此連點 呂布之捨上一圈 邈畏太祖

終心不自安連點 備東擊術上一圈 布謂靈等曰至正中小支連點

術欲結布上一圈 布拔戟 至徐喻之曰連點 登見曹公至其言如

此連圈布意乃脫連點 建安三年上一圈 布復叛爲術連點 布遣人

求救於術〻自將千餘騎 批云下術字疑衍此言布出戰敗還下方言術不能救也

布已縛太急至不可不急也連點 陳登者上一圈又至三十九卒連點君

有國士之名至當與君語連點 又小人至上下牀〻間耶連圈 袁大

笑至雜何比也連點 批云以元龍作結文勢深遠

臧洪 洪答曰 批云此書不必全載反令篇体不振

公孫瓚 篇上一圈 乃首殺 一横 鮮于輔將其衆奉王命 批云衆下當脫紹字

公孫度 始度以中平六年至凡五十年而滅連點

夏侯淵 篇上一圈 淵引軍還 一横 曹云自首至此而叙十三〻五百字數於中有似史記曹相國世家

乃假淵節 一横 不淵雖數我至匹夫敵耳 連點 一横

曹仁上一圈 注云曹瞞傳及郭頒世語並云孟德父嵩本夏侯氏之子惇于孟德為從父兄弟諸曹與夏侯同傳陳氏之微指也 曾云將騎兵數々點出仿史記灌嬰傳 封都亭侯 一横 仁意氣奮怒至共拔持之 連點 矯等以為至金形勢也 連點 矯等初見至真天人也 連點 安平亭侯 一横 文帝在東宮至為征南所 連點 謚曰忠侯 一横

曹洪一圈 封都陽侯 一横 始洪家富至多為觖望 連點

曹爽上一圈 外以名號至其輕重也 連點 宣王密為之備 連點 一横 以侯還第 一横 夷三族 一横 晏等於宮省至數十萬 連點

荀彧 彧以為太祖至心不能平 連點 明年太祖至為魏公矣 連點

賈詡上一圈　詡曰我段公至必厚贖之連點　詡實非至咸此類也連圈一横

或謂詡曰至必俱全矣連點　一朝引軍退至追必敗連點　詡謂繡曰至更戰必勝連點　繡乃服一横　太祖又嘗至嘿然不對連點　詡曰屬適至不即對耳連點　詡曰至父子也連點　太子遂定一横　詡自以非至計者歸之連點一横

國淵　姚氏云魏志載國淵詐求讀二京賦以訪謗者吴志載周魴譎書休之辭並市井小人之行而為之立傳以為美談則史家之無識矣

田疇上一圈　疇以為天子至皆不就連點　率舉宗族至以立於世連點百姓歸之至五千餘家連點　疇乃為約至令不為寇連點　皆拒不受點一

疇終不行連點　疇自以始至行而不奪連點　疇以嘗爲至亦不同

連點　言未卒至拜爲議郎連點

管寧上一圈　與平原華歆至陳仲弓連點　遂與原至至於遼東連點

王烈者至卒于海表連點　自寧之東至盡封還之連點　正始二年云云

上批云所承詔表已多使文氣不能騫舉　時鉅鹿張臶至着志不仕連點　臶疏教曰至

年踰之死連點　太祖曰至敬而愛之連點　自相約誓已至犯其部落

連點

崔琰　琰本意識至情理也連點　太祖令曰至遂賜琰死連點　初太

祖性忌至不甚見誅連點　而琰最爲至至今冤之連圈　批云言諸人皆不爲書屈者琰

况其比乃亦不能免禍

鮑勛上一圈　勛前在東宮至志意滋甚連點　帝手毀其表至行獨連點

帝怒作色連點　帝不得已而用之連點　帝益忿之連點　文帝崩至

歎恨連點

劉放上一圈　放才計優資至不如也連點　放資既善至導譔言之連圈

梁習上一圈　時承高幹至往往基跱連點　遷為屬一摟　單于恭順至

咸顯于世連點　使單于入侍至習之績也連點　拜大司農一摟　習在

州至方面珍物連點　子施嗣一摟　思亦能吏至無大倖連點

任峻　軍國之饒至成於峻連點

蘇則上一圈附者日多一横 昭寧枕則至今之枕也連圈 初則及臨至

於是乃止連點

杜畿上一圈吾同居郡至禦之足矣連點 今大兵至 至使後更居業

連點一横人心如此一横 畿在河東 至天下最連點一横 昔漢安帝

至猶尚如此連點 恕所在至不及於畿連點 恕在朝廷 至廣在外任

連點 恕倜儻至 終致此敗連點

鄭渾 又賊斬富等 又字一△ 及趙青龍者 及字一△ 批云又字及字接法皆弱 陈氏每有此病

此蔫尤多 又遣民田漢中 又以郡下兩又字各一△ 並益樹五果 並字一△

倉慈 又常日 三字三△ 吏民悲感 至治下發哀連點 自太祖至

良二千石連點　自上一圈

張遼上一圈　遼被甲執戟至　至權麾下連點權大驚至權不敢動連圈　當見遼將至圍遼數重連點遼左右至無敢當者連圈自旦至奪氣連點循行至良久連點

樂進上一圈　別攻雍奴破之曾云自首至此敘戰功十　於是林某爲至隱五可極明簡

短將軍連點

典韋　賊弓弩亂發至應手倒者連點　韋以長戟至就視其軀連點

龐淯上一圈　由是以忠烈聞連點　子曾嗣一横　淯母娥至請受戮連點

陶謙上一圈　至遂殺之一横　奉迎之官一横

任城威王彰上一圈　太祖喜持至大奇也連點　北方悉平連點　四年朝

至薨于邸連點

鄧哀王沖　此我之不幸至幸也連點

王粲上一圈　常車騎塡巷至盡當與之連點　表以粲貌至不甚重也連

點　初粲與人共行初字一圈　後絶一横　始一圈　北海徐幹至貴見友善

連點　曾云因粲而並及陳阮而劉及吳質仿孟荀列傳之例　幹爲司空　幹字一圈　琳前爲何進主

簿琳字一圈　太祖謂曰卿前爲本初移書云云　批云載據此言則爲袁討曹檄文宜見傳中

瑀少受學　瑀字一圈　瑒楨名被太祖　瑒字一圈　瑀以十七年卒　至二十二

年卒連點 徐陳應劉一時俱逝連點 偉長 德璉 孔璋 公幹 元瑜

十字各連點 自潁川邯鄲至七人之例連點 曾云例當作列七人疑作六人 瑒弟璩璩字

一圈 璩子籍上一圈 時又有上一圈 景初中上一圈 吴質上一圈

陳矯上一圈 車駕嘗卒至亮直如此連點 為車騎將軍一横 侍没為

至代矯云連點

常林上一圈 林辭不受一横 所在有績一横 歷時克減一横 太常之一横

司馬公自以至 踧踖而退連點 而林遂稱疾篤連點

楊俊上一圈 乃扶持老弱至傾財贖之連點 俊嘉其才至然後與別連

點 遷中尉一横 太子不悅至太高遠耶連點 匪帝之裁 一横 俊自少

至人倫自任連點多此類也一横初臨菑侯至常以恨之連點後

曰至眾冤痛之連點

杜襲上一圈 襲嘗獨見至兼之乎連圈 其柔而不犯皆此類也連點

評 溫粹識統連點 至材能不至美矣哉連圈

田豫上一圈 瓚雖知豫至不能任也連点 所在有治一横 遂前至代皆

為策也連點一横 太祖善之一横 為校尉九年至加殄夷將軍連點一横

皆不聽一横 喜知帝宜至功不見列連點 子彭祖嗣一横 豫清約儉

素至成高豫節連點

徐邈上一圈 時科禁酒至中聖人連點 問邈曰至聖人否連點 遷撫軍

大將軍、師一横 西域流通至皆遂勳也連點 賞賜皆散至供給其家

連點 分界甚清一横 遂歎曰至固辭不受連點 批云不布告天下一横 批云文附書爽也

勢所然卒官一横 往者毛孝先至不與俗同連點

有終

王凌上一圈 叔父允至盡害其家連點 所在有治連點 咸得軍民之歡心

連點 儀同三司一横 是時至淮南之重連點 凌與愚密協計連點 彪

相問往來連點 凌欲因此發連點 凌陰謀滋甚連點 朝議咸以

至親土埋之連圈 批云誅朝為鄉侯一横 戶阿附司馬 廣有志至子孫連點

毋丘儉上一圈 伐叛柔服至有功連點 以東宮之舊甚見親待連點

遷荊州刺史一横 句驪師者上一圈又五 皆放遣之連點 批云淡遠有文外之致頗似史公

儉與文欽率之連點　怖退還也一横　曹爽之邑至驍猛連點　儉以

討至投心無貳連點　儉欽進也不至不知所為連點　夫儉之獲一横

欽亡入吳至讒侯連點

諸葛誕上一圈　諸葛豈改也連點　與夏侯玄至京都翕然連點

加昭武將軍一横　征東大將軍一横　誕既與玄至為死士連點　欽

素與誕至誕遂殺欽連點　誕麾下至人心如此連點　軍實以積

一横　今三叛至使同就戮連點　誕以二年至破滅連點　唐咨本

利城人至封侯持節連點

杜夔上一圈　批云方技諸篇皆類小説　惟杜夔久作特為雅馴　時散郎鄧靜至自夔始也連點

前點完以卒一橫弟子至莫及夔連點

烏丸鮮卑東夷書載上一圈然烏丸鮮卑至亦受其困連點太祖潛師至

以用安息連點青龍中至肩動矣連點四夷之変云一橫漢末上一圈又至

計策勇健連點中山太守上一圈及丘力居死上一圈此一頓蹋多畫計策

連點廣陽閻柔上一圈及袁尚敗上一圈建安十一年上一圈連附丸樸

至天下名騎連點鮮卑上一圈又至為大人連點及代郡烏丸上一圈比能即反

將至由是怨比能連點文帝踐阼上一圈田豫將泥至遣之弗及連點

於軻比能衆遂強盛連點至青龍元年上一圈步度根為比能所

殺連點軻比能勿連上文部落近塞至詐為使退連點及烏東部

蘇

上一圈　更相攻擊連點　比能眾遂至檀石槐也連點　太和二年上一圈　上谷又至
太守至鮮卑所信連點　後幽州刺史上一圈　至三年中上一圈　在遼西至
多于比能連點　延安中上一圈　書稱上一圈　自虞暨周至遐遠也如此
連點而不稱淵上一圈　雖夷狄至猶信連點

吳書

孫堅上一圈　堅行操刀至顯聞連圈　府召署假尉一橫　前目皆謂溫
曰云云　批云堅數董卓三罪同諸葛亮　且與坐上目語情亦不合　然同堅數卓至無不歎息連圈
烏程侯一橫　堅以牛酒至無我不獲連點　施帳幔至導引入城連點
晟困迫至是柱乃去連點　所以出身不顧至還相嫌疑連點　批云此處語若未竟而止
煨仍史乃遣將軍李傕等來求和親　批云此處但云求和去親字則下豈得与乃和親句乃有勢
云神理

堅曰卓逆至乃和親耶連圈　往會陽一樓
孫策上一圈　与周瑜相友至人咸向之連點　策騎士至詣術謝連點　由
是軍中益畏憚之連點一樓　策乃說術至平定江東連點　兵財千餘
至眾至六千連點　策為人至樂為致死連點　時袁術僭號至絕之連點
勳新以術眾至勳大公尺降連點　中間冊　自保曹公一樓　是時袁紹至
且欲擒之連圈　建安五年至請將未發連圈　先是策殺貢　先上一圈
創甚連點
劉繇上一圈　笮融先至連圈　笮融者上一圈　融利廣陵至出後殺皓連點一樓
知教以屢薄至更名厚實也連點　伺正禮元子至不亦優哉連圈

太史慈上一圈　晨夜取道至取未視之連點　吏殊不知至因爲取至連圈

慈先已怪力連點　便截敗之連圈　吏踊躍至我手連點　慈既與出

至由是知名連點　北海相至奔之連圈　慈當三日至兵出斫賊連點

城中人至自請求行連點　於是嚴行至無復起者連點　於是下鞭

至馳去連圈　比賊覺知至無敢追者連點　孔北海也一横　卒遇策

策至得策兜鍪連點　批云卒遇策上宜增至神亭三字下文寧識神亭時邪句乃有根　策即

解縛至神亭時邪連點　左右皆曰至當復與誰連圈　不虛

發一横　賊於屯裏緣至莫不稱善連點　其妙如此　批云四字可刪　曹公聞

其名至但貯當歸連圈

士燮上一圈 燮兄弟並為至不足踰也連圈 燮每遣使至凡數百匹連圈

張昭 昭總言之不用至然後朝會連點

闞卿上一圈 或言豫州去至遠近稱之連點 下車祀先至風化大行連點

値東疾病至皆此數也連點

闞澤 徒屈指至疑謬連點

周瑜上一圈 堅子策至友善連點 策大喜至諧也連點 而策之家已數

萬矣連點 瑜時年至周郎連點 從吳一樣其年九月至何以討策

連點 不然至而安近之耶連圈 今北土既未至此生疾病連點 將軍禽

操至授孤也連圈 瑜部將黃蓋至而走也連圈 曹公軍吏士至死

者也衆連點也據江陵一横以備以梟雄至池中物也連點權以曹
公至故不納連圈一横今曹操新至北方可圖也連點皆不反問一横
周郎顧一横昔走曹操至常不忘之連點孤念公瑾豈有已也連點
魯肅上一圈以賑窮弊結士為務連點周瑜為居至知其奇也連點
漢室不可復興至高帝之業也連點宜撫其舊一横夫荊楚之至聰
為操所先連點向察衆人至賜邪也連點肅時入閣至歸鄉未連點
肅趨進至舉鞭言曰連圈願至尊至撫掌歡笑連點後備至
落筆於地連圈一横及羽與肅至欲以撫之連點肅邀羽相見至
又不從命連點語未究竟至辭色甚切連圈羽操刀至目使之去連點

獻謂公卿至可勢矣連點　於是孫軍一横

呂蒙上一圈　蒙陸駱貴至見之大悅連點　留淩公績至十日守也連點　於

是將士形勢自倍連點　遂處由郡穫宅剸如連點　修尋陽令一横　毋意

尚輕至遂往詣蒙連點　經甜至以備不虞連圈　再造次至施宜連點

蒙曰至而不發定連圈　因為單畫五策至至於此也連點　結友而別一横

侵晨進攻至食時破之連點　復為平民一横　初蒙既定至將令誘普

連點　蒙稱病至將至熟恨入地連圈　為蒙舉是一横　虎威將軍一横

與關羽分土至其勢難久連點　初上一圈及蒙代肅至與羽結好連點

從羽討樊上一圈　權問之至在前連點　於是軍中至士無闕心連點

荆州遂定連圈權不許一樓時有鐫加至群臣畢賀連點家睦嗣一樓

孫權与陸遜論至亦美也連點　批云結得漢書但語稍繁氣便不振

淩統上圈　權壯其果至功贖罪連點　敵已毀橋至乃還連點　權引

袂拭之至何患無人連點　且令於統足矣連點　權問之至十日一令騎

馬連點

潘璋上圈　性博蕩至賒酤連點　債家至相還連圈　權奇愛之連點

璋為人至好立功夫連點　所領兵馬至常如數千人連圈　征伐止頓至皆

衍取足連點　然性奢泰至服物僭擬連圈

朱然上圈　時然城中至六月日未退連點　由是然名震於敵國連點

右軍師一横　然長至出氣有功連點　自創業功臣至然貞次矣連點

吕範上一圈　邑人劉氏至久貧者耶連點　初策使範至臨財悦之連點

及陸遜至不用也連圈　胄云高祖封雍齒而次子據嗣一横　乾丁乙署同此旨

虞翻上一圈　翻數犯顏至多見謗毀連點　權怅然不平　權於是大怒

皆連點　權積怒非一連點

陸績上一圈　虞翻舊齒至上績友善連點　以直道見憚連點　皆傳

于世一横

賀齊上一圈　大破二圈　威震山越連點　誅惡至盡字連點一横　出舍求

降降字一圈　不厭升降降字一圈　大破雖還　大破二圈　寧不出降降字一圈　一横

徙官至南平復亂連點 連大破之大破二圈 誰御皆降降字一圈 三得又
除降字圈 凡討治平兵万人連點 平東校尉一横 全以為臣平賊
連點以冀州為始 新野連點 大破僕等大破二圈 其餘皆降降字一圈
凡斬首七千連點 分散至凡六縣連點 加偏將軍一横 所復破穢破字一圈
分將杭為從水縣連點 餘皆降降字一圈 揀其精健至擇其二一點 次為縣户
連點奮武將軍一横 所戰所克連圈 化民為賊連圈 討破突破字一圈
三縣皆降降字一圈 料得精兵八千人連點 得七中分連圈 倚以為榜一横
取其保質連圈 遂生虜宗一横 為佳將三字三點
潘濬十一圈 時沙羨長至 按殺之連點 一方寧靜一横 謝左信次至

左謂曰連點 潘太常至數君矣連圈 宣大帥至雜乃連點 渚無進

見至艱險也連點

胡綜曾云代吳質作降文三條 此等可不入傳中

諸葛恪上一圈 批云彷恪之才至數也連點 恪以丹楊山險上一圈 歎
至堅霍光傳

曰至吾族也連圈 歲朔人數皆如本規連點 自漢末以來至明者字連點

且民惡其上至何附易哉連點 於是羣視聽至思見其狀連圈 一橫 初

上一圈 恪家已有雙敵之心連點 凡敵國那相吞至遠慮也連點 若賊

衆至未可如何連點 衆皆以恪至莫敢復難連點 於是違衆至始失

人心連點 一橫 恪內惟失計至怨形於色連點 士卒傷病至徐乃旋師至

連點由此立屋至興矣連圈陳兵遣之至惶怕辭出連點愈治戚

嚴至球息連點於向青徐一橫孫峻因民至於為變連點初恪將

征淮南初上一圈恪有書而去至滕胤連點恪髭未飲連點恪驚

起至趨上殿連點步是意謀至於此周連點一橫伏念故太傅至於

機之由連點人情之於品物至能不慚然連點感此之於乃子周連點

始恪退至亡亡之忿彰彰連圈

滕胤上圈或回曉不康曾云作來了之勢既誅諸葛恪連點滕胤猶有史記意度

以恪子至時位連點峻胤雖內至包容連點以後乃付琳連點曾云峻雖已

死文亦作來了之勢告胤取據云云曾云此處應將據自救叙出或曰居在據使或叙於殺滕胤之後亦可

乃約令部曲至將士數十人連點 夷[illegible]三族一横 負貴倨傲多行無

禮連點 初上一圈 綝遷大將軍上一圈 綝既不朝至莫不怨之連點 一横 孫以尊

朝自固連點 亮妃至告綝連點 立休道側一横 綝意彌溢連點 綝

一門五侯至嘗有也連點 一横 綝叩頭曰至爲奴乎連點 諸葛恪滕胤至

一切告還連點

濮陽興 與休寵臣至表裏連點 皓因收至夷三族連點

評 若躬以至之有哉連點 而孫峻至之理也連點

蜀志 劉二牧上一圈 焉內求至更在益州連點 焉謀逆施連點 是時

涼州上一圈 焉徙治綿竹上一圈 張魯母至焉家連點 焉意漸盛連點

附焉子範上一圈 時征西將軍上一圈 議郎河南上一圈 合貧璋遲之連點

既襲焉位至讎敵連點 皆由璋至故也連點 璋皆然之 璋又然之

璋一無所納皆連點 先主入境至三萬餘人連點 車乘至曜日連圈

璋資給至分別連點 群下莫不流涕連點

先主 好交結豪俠年少 先主由是得用合徒眾 其得人心如此連點

諸葛亮為股肱至無不競勸連點

諸葛亮上一圈 亮躬耕至八尺連點 每自比至樂毅連圈 時人至信

然連點 此人可就至屈致也連點 自董卓至漢室可興矣連點 用兵乃止

一樓 亮曰至孫將軍連點 亮說權曰至量力而處之連點 若能至

而已之連圈今將軍至無日矣連點權曰至天之乎連圈亮曰至為之下乎
連點權勃然至當曹操者連圈然豫州至必北還連點如此至今日連圈
權大悅連點以充軍實一橫足食足兵一橫司隸校尉一橫先帝創業至
之秋也連圈宮中府中俱為一体連圈親賢臣至桓靈也連圈臣本布衣
至危難之間連點不來乎至大事也連圈受命至允之任也連點願
陛下至先帝之靈連圈責攸之至遺詔連點耕者至軍無私焉連點
及軍退至奇才也連點及卒如其所言連點一橫至漢川至推探連圈且壽
華言上批云史傳中特載集序此為不作錄格亮少有至之器連點至於吏不至亦然也連點
當此之時至庚羅文武連圈然亮才至將略連點而時之名將至不

及邢連點 蓋天命至爭也連圈 青龍至病卒連點 黎庶至信矣連圈
臣愚以為至煩而忠連點 故其文至遠也連點 然其至當世連圈
蜀人追思至之所為也連圈 是以至延其實連點 自瞻厥逵至和好往
來連點 諸葛亮之為相國至畏而愛之連點 刑政至亞匹矣連圈
然連年至所長歟連點
關羽上一圈 而羽亡至禦侮連點 先主與二人至侍立終日連點 羽望見良至
莫能當者連點 羽歎曰至乃去連點 羽盡封其至勿追也連點一橫 羽書與諸
葛至以示賓客連點 臂血至言笑自若連點一橫 南郡太守至自輕己連點
追謚曰云云上批云先主為羽伐吳宜見一私見耳之一橫 此傳以猶恩君弟兄之誼 私據水斷橋至

决死連點 飛呼顔曰至引为賓客連點 巴西太守一標 可不勉歟一標 初
飛至萬人之敵也連點 羽善待至不恤小人連圈 先主常戒至之道也
連點 上批云羽飛二傳相为首尾犹有史公合傳 先主伺飛至飛死矣
篇法馬超以下三人便似續贅
連點 桓侯一標
馬超 批云諸葛称超雄勇過人一时之傑其才必不允猥又与關張同位齊名哉之故不遜
趙雲 初先主时至时論以为榮連點 批云结束通篇
法正 正牋与璋曰云云 批云此牋似不必全載 先主既称尊號至必不傾危
矣連點
麋竺 竺雍容至有所統御連點

孫乾　見禮次至同等連點

簡雍　嘗爲談客至使命連點　優游風議連點　雍與先主至雍對曰連點　彼有至者同連圈　先主至讓者連點

伊籍　見待至孫乾等連點　權曰至爲勞連點

秦宓　溫復問曰至而沒於西連點

董和　上圈　與軍師至共爲歡交連圈　自和至儋石之財連點　違覆而有中至珠玉連圈　其追思和如此連點

陳震　及其贊述至有而責者連點　諸葛亮至孝起知之連點

董允　丞相亮至宮省之事連點　獻納之任允皆專之矣連點　後主漸

長大至容入連點　皆畏允至黄門丞連圈　陳祗代允至追思允連圈一横
邓允一横　费祎也異之故起继允連點　自祗之有寵至故可連圈謂為自輕上
批云自輕狀言輕己謂用使麇芳
傅士仁皆嫌用自輕
呂乂　衆至無留行無停寘連點
廖立上圈　立本意上圈　立躬率上圈　問諸葛至左衽矣連圈妻子
還蜀一横　與業將軍一横　欲郡如故一横　其見貴重如此連點　徙稃橦郡一横
一横　平聞亮卒發病死連點　平常冀亮至激憤也連圈
張裔上圈　蜀郡民至買臣之妻連點　公賞不遺遠至其身者也連圈
人自敬至疲倦致死連點

楊洪上一圈 於留天姿明察至於丞兩善 連點 及洪見亮出至不能止 連點 果生獲之 一横 論者由是明洪無私 連點 一横 遷官 一横 始洪至嘗在蜀郡 連點 是以西土至用也 連圈

許慈 時尋楚撻以相震攇 批云震攇猶寧手好手也

王平 僮無武將之体然性狹侵 批云僮碩也讀畫 侵小也

張嶷 又令離姊逆逢妻 曾云離姊之字疑衍冬逢之妻為狼路之姑即狼離之姊也下文並見其姊即冬逢妻也上文當作令離逆逢妻明矣

楊戲上一圈 少與巴西至並知名 連點 四年卒 一横 以此貴戲 一横 張表至名早死 連點 一横 戲以上一圈 其戲之所贊至云爾 連點 賢愚惡競心二句

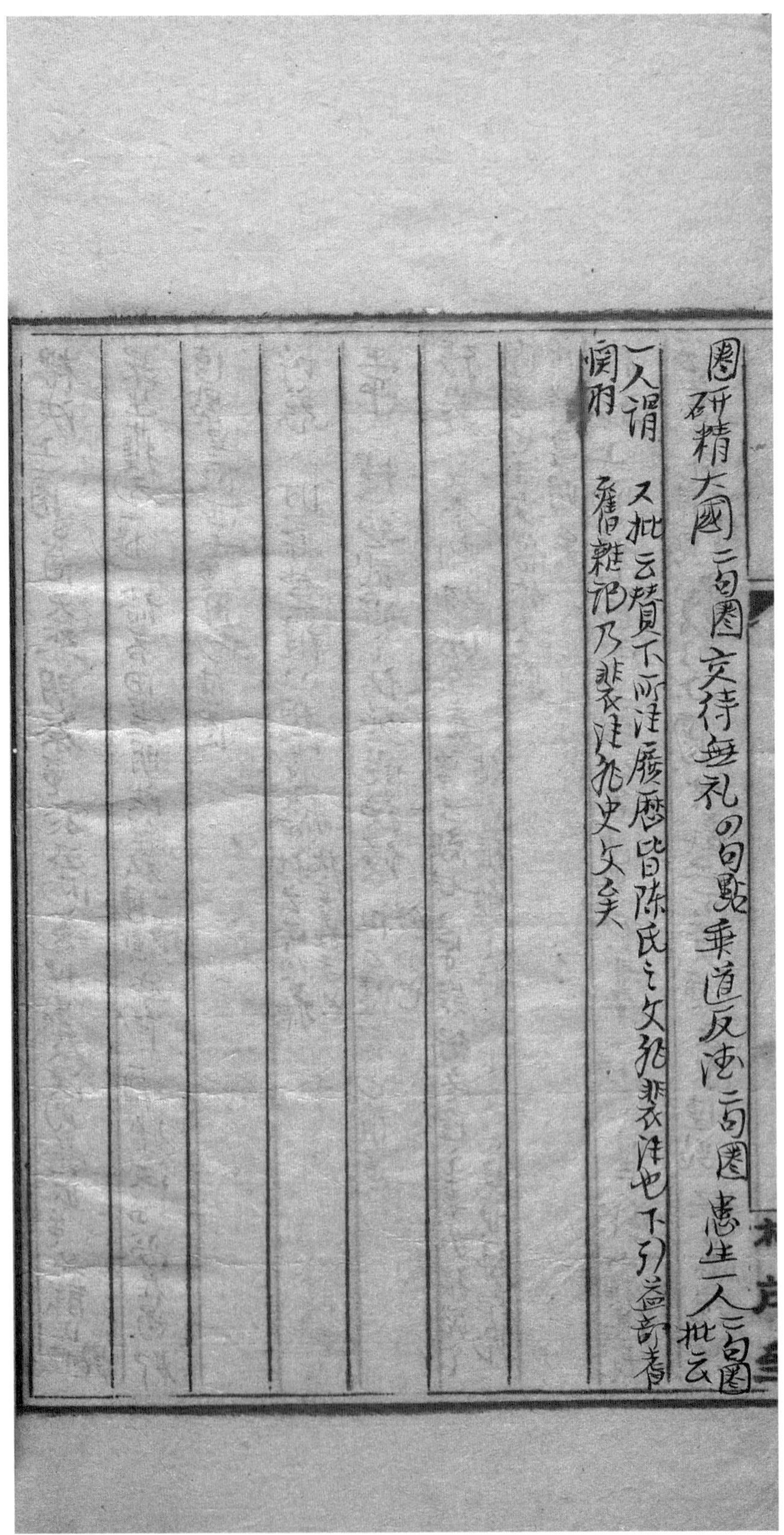

圈研精大國二句圈交待無礼四句點乘道反德二句圈惠生一人二句圈批云

一人謂

関羽

又批云贊下所注履歷皆陳氏之文非裴注也下引益部耆

舊雜記乃裴注非史文矣

據總數分段是福之上當有一畫，傳承失之

荀子評點 附吴先生眉間評語

勸學 十一章 福莫長於無禍 一畫 君子慎其所立乎 一畫 聖心循焉 循一作備，三字是，与德古均合 故君子結於一也 一畫 安有不聞者乎 一畫 在天地之間者畢矣 一畫 君子如嚮矣 一畫 學莫便乎近其人 一畫 散儒也 一畫 此之謂也 一畫 目好之五色 言目好之甚於五色也，下三句義同，是乃爲致好之目

脩身 不善在身也 去也字句 此之謂也 一畫 此之謂也 一畫 多而亂曰耗 一畫 莫神一好 一好者專精也 夫是之謂治氣養心之術也 一畫 此之謂也 一畫 ㄥ 君子不爲貧窮怠乎道 一畫 術順墨而精雜汙 墨也 晉墨之墨，順墨言循其貪於也 汝綸案順慎同字，墨默同字，順墨者慎默也 是無他故焉 汝綸案焉字屬下讀

其出入不淆矣　一畫　聖人也　一畫　然後温温然　一畫　此之謂也　一畫　輕陷

刑戮至也　一畫　天地不淆乎　一畫　地以道理也　勇　一畫

不苟　此之謂也　一畫　蕩蕩乎其有以殊於世也　一畫　是君子小人之分也　一畫

此之謂矣　一畫　屈伸變應也　一畫　此之謂也　一畫　受人之掝掝者哉　一畫

則化矣　一畫　則權術然也　一畫　公生明　至今誕生哉無窮　而爲姓某所以

分也　一畫　是偏傷之患也　一畫　人之所惡者吾亦惡之　注非言也　此自下而言之於人者人之所

同惡吾亦惡之矣

榮辱　憍泄者注泄與渫同　詩無然泄泄　泄與渫同　不凡在言也　一畫　巨涂則讓

小塗則殆　讓讀爲攘　巨涂則與人鬥而搶攘　小塗則危易跌故云而使不謹也　若云不使　一畫　快快而

亡者快〻讀若昂夫〻 而君子之所不爲也 一畫 小人憂忘其身 則小字人下添也字批云人也屬下句

讀 我亡說之 一畫 是士君子之勇也 一畫 豈不亦迂哉 一畫 是安危利

害之常體也 一畫 是注錯習俗之所異也 一畫 而小人道其怪 一畫 夫

起於愛故批云言起于愛其故習 固可與如此可與如彼也哉 一畫

非相 然則從者將孰可也 一畫 式居屢驕 此之謂也 一畫 故曰文久而

息息字以為句 以此度之 一畫 五帝之中無傳政 三句 此正文誤入注中 是以文久而滅

節族久而絕 一畫 腐儒之謂也 一畫 府然若渠匽隱栝之於己也 府然寬

廣包容之意 己此也 天子之功 此之謂也 一畫 貴其所貴 此之謂也 一畫 言所論之下[illegible]也

故言屬下為句 君子必辯 一畫 小人士君子之分具矣 一畫 然而口舌之

均噲唯則節 汝綸案均當依宋本作夯噲唯疑當作諾唯節者謂合節也

非十二子 汝綸案韓詩外傳止十子乃後儒以子思孟子爲不可非而芟削之耳 是聖王之跡著矣 一畫 而

流湎然 汝綸案湎字由曰而亦通借 大命以傾之謂也 一畫 離縱而跂訾者也

一畫 士君子之所能不能爲 此九字冠下章首目下可也 元刻之所下無能字宋本有應從宋本 繼宋之基

之謂也 一畫 是學者之嵬也 一畫

仲尼 故道豈不行矣哉 一畫 是其所以危也 一畫 昭哉嗣服此之謂

也 一畫 能耐任之 能而不耐任 工白詠下白能而三字皆衍 而持之者寡矣 一畫

夫是之謂天下之術 一畫

儒效 天子也者不可以少當也不可以假攝爲也 言不可以弱少當之又不可假攝周公亦假稱

云成王所為也周公所以自居〻夫是之謂大儒之效一畫嗚呼而莫〻能應汝綸案嗚當作
鳴〻呼〻謂号呼也昭王曰善一畫以桅反側此之謂也一畫上下之交不相亂也
一畫未嘗有也一畫負扆而坐正論篇亦作負依而坐〻非誤字荀子〻言失也涛天下而
無斬汝綸案此本正文作斬字是謝本作蘄及注訓求者疑皆非也夫又誰為戒矣哉一畫
其衣冠行偽已同於世俗矣荀子用偽字非詐偽義注所引不當錢辛楣嘗引王莽傳南偽証古人
為偽字通用是也一朝而伯一畫寔為荼毒此之謂也一畫人倫汝綸案人倫二字目下文
也蓋篇題矣論倫同字倫類也荀子所云物論亦當讀為倫王制篇序官亦篇題與此同樂論篇引其文云其在序官也是其証
人倫久〻矣一畫
王制分未定也則有昭穆也分未定言中人不甚以賢不肖分則有以昭穆也次進者汝綸案而也字當

吴先生三國志評點一卷・荀子評點一卷・惜抱先生國語評點一卷

有之能穆謂世家也即下所云王公士大夫之子孫二句文相毋翰標注
及姚說皆斷有能穆爲上屬非是
王者之政也一畫 周閉而不謁汝綸案閉當爲法而不濠至不及者必
比之假音字
隊連圈其有法者至以類舉連點維齊視齊此之謂也一畫吾無
歡其好矣一畫 故明君不陷也一畫 視其道而慮之以王也言以王臨交
邦也以解上
臣之彊彊而彊矣一畫 王者之等疑案等即法也法有等列是王者之
見
也此與上三年之法同
法也一畫 文王康之此之謂也一畫 以類以雜至天下以衰矣連圈工二
商之也一畫 謂之聖人一畫 審詩商汝綸案詩殷之目案以中立殷之目
商字是
者國
家閉就林有與是閉者與就養執之誤
暇也
富國 故知者爲之分也一畫 老法裕乃身此之謂也一畫 是之謂以

政裕民（一畫）無法不服此之謂也（一畫）是天下之亡也當衍下字惜抱先生徵以是

此之謂也（一畫）垂（一畫）名壽民垂者廢弛之義枝葉必類本此之謂也（一畫）危國

家也（一畫）觀國之治亂臧否此二字之論極痛切須熟夫察汝綸案須與芒質同字皆也芒

軔僈楛汝綸案芒軔即鈍刃是明主之功矣（一畫）亦可以覺矣（一畫）百里之國

云此九字在下章守其事取其將若拔麷麷麷之著物黏固難拔以譬治國之將也正是也

國此之謂也（一畫）

王霸　有之不如無之有也汝綸案有也二字當有屬上文則舉義士也汝綸案此下諸義字皆訓為

善詩傳義善也然而厭焉有千歲之固厭讀平聲淡久之意不為之則亡此之謂也（一畫）

而禮法之大分也（一畫）一人之謂也（一畫）千歲而不覺也（一畫）所歸者一也

一畫狀無疵乎此之謂也 一畫是治國之徵也 一畫而休於使之 一畫適人之所以來我也此之謂也 一畫而國求給矣汝綸案求讀宰其財求之求君道 徐方既來此之謂也 一畫蜜之祀也 一畫未嘗傷爲國也 一畫太師維垣此之謂也 一畫天下隨世者知其所施以爲異也汝綸案所字當有兄則不足及王公此之謂也 一畫維德之基此之謂也 一畫倜然乃舉太公於州人而用之汝綸案必與倜同倜主則必危其所愛此之謂也 一畫有兆見闚者矣汝綸案兆易即施易文王以寵此之謂也 一畫材人汝綸案材人荐頤也臣道 人臣之論汝綸案論倫同字倫類也足以稽矣 一畫桀紂所以滅也 一畫妨於躬乎此之謂也 一畫爲下則逆此之謂也 一畫故君子不爲也 一畫可謂

國賊矣一畫辟不為則此之謂也一畫小人反是一畫為下國綴旒此之謂也一畫

致仕 退姦進良之術一畫誅以禮挾而貴名白天下願汝綸案貴名白謂重名顯著也亂生乎小人此之謂也一畫若蟬之歸明火也一畫言其枝也一畫不可以加矣一畫而能長久者一畫無德不報此之謂也一畫

議兵 與先驚而後擊之一也汝綸案驚與警同臨武君曰善一畫其儀不忒此之謂也一畫此世之所以亂也一畫刑錯而不用此之謂也一畫徐方既來此之謂也一畫

彊國 權謀傾覆幽險而盡亡一畫黭然而雷擊之汝綸案而如同字

是下周比賈讀以離上矣汝綸案賈狂妄之戚戍手滅亡一畫公孫子曰汝綸
奔同字
案公孫子疑無傍乎族黨而捐其後世汝綸案無傍謂無利賴也我國
孫卿子之護衆民無所聊淮南兵略吏民不
相傍之聊均與此傍同高誘引声女辭賞也國一畫荀卿子說齊相曰
類云傍且也說文傍一曰且也
此齊相即則女主亢之官此女主謂兩者執民為之一畫坡凡以勝意
田單耶君王后耶
與人也汝綸案與所以養生送死安樂者汝綸案安樂大師維垣此之謂也
以同字當作樂安
一畫力術止義術以連圖今楚之父死焉至照奉之腹連點然而至讎人
役也連圖發劍負腰以照奉父之腹汝綸案剡父扶木為矢之扶說文扶
鋭利也言發鋭利之匕腰以照
秦人之益也不如益信之務也一畫此亦秦之亦矩也一畫民鮮克舉此之謂
腹也
也一畫

天論 已其見象之可以期者矣 汝綸案已以同字 而自為守道也 二畫 文王庶

之此之謂也 一畫 何恤人之言兮此之謂也 一畫 相縣者在此耳 一畫 嫢

耘耨失薉 謝云韓詩外傳作枯耘傷歲 疑是也 注威難通。 下文即接云田薉矣 注是之也何疑 勉力不

時則牛馬相生六畜作袄 此三句當在是生於亂之上 衍一袄字 則日切瑳而不舍也 一畫

以為神則凶 一畫 則失萬物之情 一畫 百王之無變可以為道貫 無變者不可易者也 一廢

一起者不易者也 注一不易 者必以不可易者應之 匿則大惑 匿讀為慝 民陷乃去 一畫

正論 一 豈特玄之耳哉 一畫 以為治邪 是傷人者不刑也 連圈 世俗也

重此之謂也 一畫 東海之泉此之謂也 一畫 雍而徹乎五祀 五祀宰竈也言已

食則宰徹還乎宰竈也 人字衍 天子之閣 左達五 右達五 公侯伯於

房中五 既通言之 執薦言可附 執以薦之 食百品 待乎西房盡膳

醯果 食之歎 三公來輒持納云、三王必無是驕倨况堯舜 半此与負依而坐皆諧說 不老者休也 汝綸案不

吾同宇廓 上爲句 所競由人 此之謂也 一畫 世俗之爲說者 此字於勝墨 說而於理未當 夫今

之宋子 汝綸案夫 宇廓上爲句 多所名家之所趣 汝綸案公所將於何傳其侍也 廓上爲句 一畫

礼論 是之儒墨之分也 一畫 天地者生之本也 連圈 禮將學爲無方

之民也 一畫 笑語卒獲 此之謂也 一畫 往纏綿息之時 至延後作其之

連圈 汝綸案作其 注誤 毛詩傳作始也 故務備家 至備物者作矣 連點 遠者以至矣

至其文備矣 連點 月朝卜日 月夕卜宅 注 此大夫之礼也 士則筮宅 此於荀子

之說無得 月夕卜日於後月朝卜 蓋卜宅於前 是致隆思慕之義也 一畫 所以優生也 一畫

及河喬嶽 此之謂也 一畫 書其名置于其重 則名不見 下名字謂所名之人 象

彼道至重哀也連點 儒者是矣一畫 創巨者至至痛極也連點 得

由夫愚陋至則舍之矣連圈 曰加隆爲案使倍之 荀子案字即是焉字 兼加隆下焉字

當因礼記而行 文足以容備 曲容備動之謂道矣一畫 十三字句 悖詭唈僾至闕

然不具連圈 其在君子至以爲鬼神也連點 影然而成文 影我案荀子时不乏有

影乃景字后人误增彡耳 景明也 言礼能状乎無形者若有形焉 如是明備而成文理矣

樂論 猶之楚而北求之也一畫 太師之罪也一畫 無所營也一畫 象

積譁之字一畫

解蔽 徒道之人 詖論案法得同字 豈不哀哉一畫 不以已所已臧至謂之

虛連點 不以夫一至謂之一連點 不以夢至謂之靜連點 作之可也 作之臨則

呼吸道者〻虚〻則人〻由入人字當得思道者靜則察者下脱一〻字得思道者〻靜則察知道十字由

一虚一而靜謂〻大清明達圓此數句即大學知止定靜安慮〻意察知道者慮也行體道者得也

故曰心容心容心之狀也目下三句也心善搏前不禁限以一曲則現自見故貴慮也能兼容褋博〻物而情不二故貴一而靜也

以贊稽〻の句言心〻量主之則贊稽萬物〻〻有其知也然而身所精執私盡其故而由美者則美類不可兩仍也　汝綸案

易說卦傳贊明也字通作讚按名讚錄也者錄〻也此言以心所省錄者計〻則万物皆可矣知者身盡其故則不能兩精也下以贊稽物

亦謂以心所省此治心之道也一畫錄者稽物也故從山下至牛者云〻　汝綸案此本是山下至牛者言

自山上而下至牛也從山下而至木者言自山下而上至山上之木也而前以下疑連文後以山下連文

無所疑止〻止疑　詩靡所則虞爲能并〻矣　汝綸案能而也

正名　從王〻成名不可不察也一畫刀方爲綱此之謂也一畫何怪人〻言兮

此之謂也一畫以極反側此之謂也一畫天下莫之若也一畫篇末荀子之辭

迂而無味此皆其胷中不足於高明大異于孟子處

性惡　豈其性異矣哉一畫其不可以相為明矣一畫唯賢者為不然一

畫是役夫之知也一畫是下勇也一畫

君子　無評段

成相　論臣過反其施反其施之依古音作徙何反不當與施與私為韻則正如今人讀矣故古韻中元有叶音

穆公任之彊配五伯足證秦穆不在五伯之列春申道綴謝云春申句必非指黃歇汝綸案謝說非也楊子

法言稱漢臣荀子成相稱春申其旨正同此甚何篇

末所云孫卿迫於亂世鰌於嚴刑者也

賦　而不可託訊者與訊許二字古書多舛此皆言之訊許誤為訊而訊許字于古韻未合

大畧　内屏不欲見内也　畫　謂我來矣　畫　大夫呈乎礼也　畫　使仁居守

畫　反絶以環　畫　天施然也　畫　隆指祖礼也　畫　此刑罰之所以繁也　畫

舜曰維予從欲而治此則孔子不踰矩之義作偽尚書者失其旨矣　禹學於西王國　畫　七十唯

衰存　畫　敢忘命矣　畫　賤者惠焉　畫　然用刑罰於万民也　畫　導之

以道而勿彊　畫　餘別也　畫　然後道也　畫　礼之大也　畫　政不行矣　畫　授

天子三策　畫　必下　畫　動於隱矣　畫　所以辟君也　畫　下大夫　畫　喪事

尚親　畫　聖人成之　畫　私見也　畫　濟濟鎗鎗　畫　有怨而無怒　畫　不之

臣之家　畫　則辟　畫　祭服礼也　畫　重始也　畫　国家無礼不寧　畫

而後士　畫　十日一御　畫　三丈六尺　畫　以多少為異　畫　以為能安也

畫辟其妖 一畫 天下嚮善矣 一畫 異理而相守也 一畫 相順而後行 一畫 為
天子大夫 一畫 攻其邪心 一畫 識而知計哉 一畫 心之於慮之也 一畫 有所
竊其手 一畫 刑罰之所以多也 一畫 上好羞則民闇飾矣 羞而羞其行之 羞闇飾言闇
以禮義自脩飭 此所以救死也 好富則安而不死 一畫 尊大夫而已 一畫
所以成死 可以適此適彼 故曰衢
而後知克 一畫 不敢過蒲 一畫 則天府已 一畫 善行者究其難 一畫 以
是非對 一畫 求之於外 一畫 不與言 一畫 其心一也 一畫 其同心也 一畫 孝
子之道也 一畫 不可不慎也 一畫 是天府也 一畫 道遠日益矣 一畫 小人材而
一畫 其聲有哀而 一畫 則法度壞 一畫 借賊兵也 一畫 安取此 一畫 吾
不復見 一畫 非一日之聞也 一畫 而喪其掌 一畫 無與小人處也 一畫 似

勇而非一畫損身之道也一畫君子發憤之一畫惡言死焉一畫閔之晚也
一畫所憎惡也一畫小人也一畫國不待死一畫
宥坐　而損之之道也一畫姑足憂矣一畫不其有來乎一畫見大水必
觀焉一畫吾殆之也一畫非以爲人師一畫伍子胥不磔乎厄陳蔡時桑子胥尚存
落之下一畫
子道　孝之謂貞也一畫孝之名也一畫不非其大夫一畫不足矣哉一畫
而謂明君子矣一畫
法行　法而知之一畫其云益乎一畫亦無由至矣一畫是以雜也一畫
則可以端身矣一畫

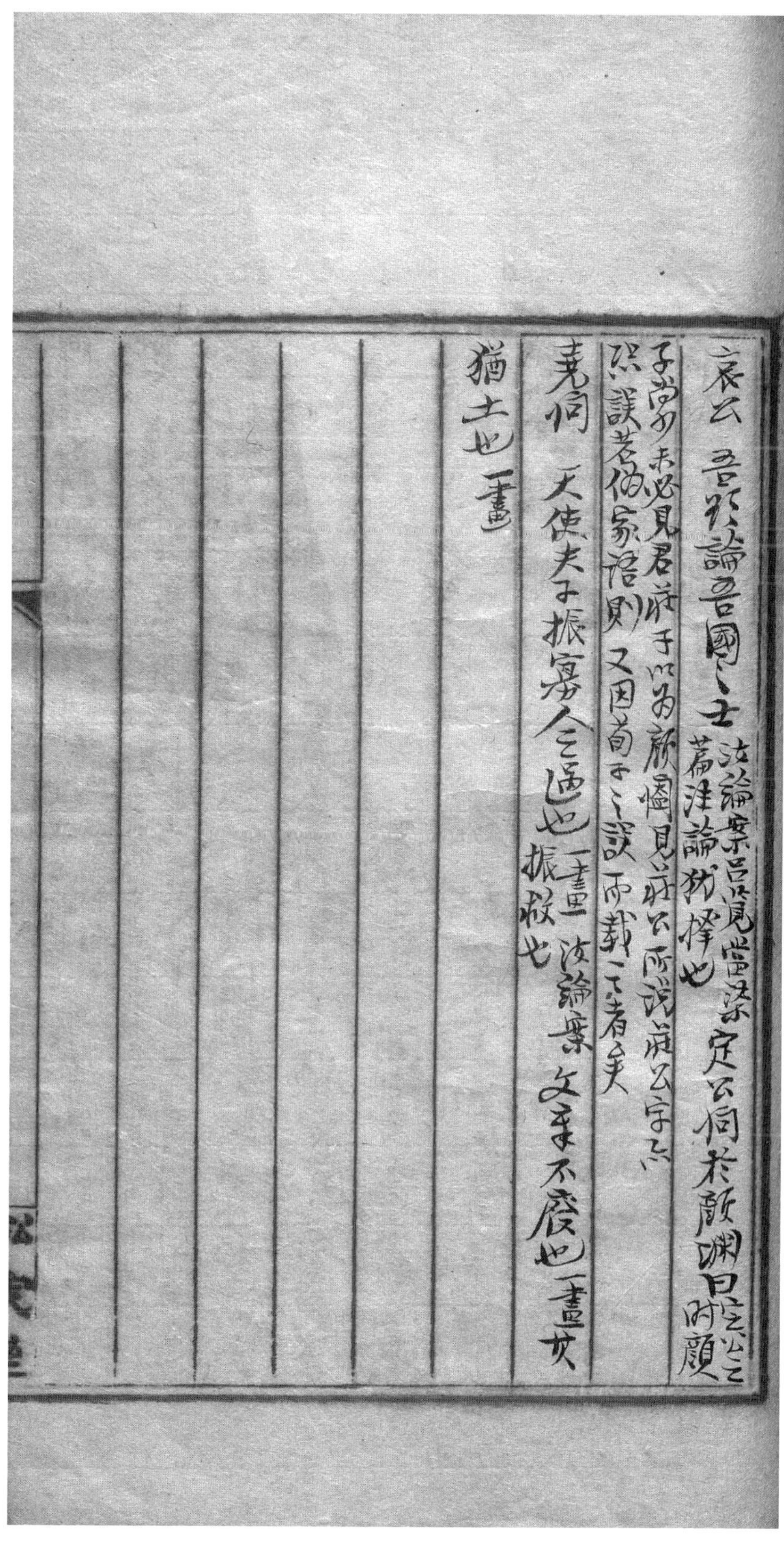

哀公 吾於論吾國之士 汝綸案呂覽當染 蓋注論猶擇也 定公問於顔淵曰云云時顔子嘗仕未必見君莊子以爲顔闔見莊公所說莊公字亦只誤若此家語則又因荀子之誤而載之者矣

堯問 天使夫子振寡人之過也 一畫 汝綸案振救也 文王不廢也 一畫 艾猶士也 一畫

惜抱先生國語評點　甲午十月借馬鍾庭臨本錄之

齊語

桓公自莒反於齊　上一圈　比至三釁至坐而伺焉　連点　參其国至

六柄焉　連点　今夫士至恒為農　連点　以為二十一鄉　坐圈　於是制國

以為二十一鄉　坐圈　桓公曰至其子弟　連圈　國安矣　其子弟　坐圈　未

可至可以寄政　連点　而寄軍令焉　坐圈　於是制國　坐圈　三軍　故有

至以獮治兵　連点　是故卒伍至戰則同彊　連圈　君有此士也至

莫之能禦　連点　正月之朝　工批云涵峯先生云齊語只一篇文字今本分為四段人編次之陋也

執退而修伍伍退而修家　批云伍伍退而脩五字衍　國子高子至終身之功

連點五屬大夫至以征則疆連點桓公曰至其母字連圈甲兵大足

連圈四鄰大親至而先征之連圈東南多有至而朝天子連圈中間

東南北西字諸侯稱順矣連點天下諸侯稱仁焉連點諸侯

皆旁旁加圈

稱寬連點諸侯稱廣焉連點所以禁暴於諸侯也連點所以示權

中國

於靖侯也連點教大成至伯功立連圈

晉語

武公伐翼上一圈民生於三至人之道也連圈甚精必愚四字連圈

優施教驪姬夜半而泣連點反自稷桑上一點優施曰吾來里克

至有所伺之乎連點文公在狄十二年上一點元年春公及夫人上一點

文公問於胥臣曰上一点是在濯也至何善之為連点官師之所材也
至而後大連点趙文子冠上一点戒之此之至蔑由至矣連点為草
木之廉也各以其物連圈擇福莫若重至無所用重連圈夫膏
梁之性難正也連圈夫絳之富商至回於富也連点叔向見韓宣
子上一点不然夫八卿至何貧之有連点我君是以至何賴於鼓連点
臣委質於至晉之鼓也連点今之有學也至君子之學也連点宋聲
既聲至又何請焉連点趙簡子使尹鐸為晉陽上一点夫尹鐸
白至臣何望矣連点趙簡子曰上一圈臣以為不良故也連圈今范
中行至主為河之連点夫二子至非良臣也連圈國之將興也至若

有餘連点　趙簡子歎曰上一圈　雀入於海至不能哀夫連点　哀名之不令至不登連圈　宗廟至何日之有連圈　智宣子將以瑶為後上一圈　宵之很在至誰能待之連点　還自衛上一点　夫君子至大患連圈　夫誰不兩至況君相乎連圈

鄭語

桓公為司徒上一圈　夫成天地之大至是也連圈　夫國大而有德者近興連圈　及平王之末至始啓濮連圈

楚語

屈到嗜芰上一点　靈王為章華之臺上一圈　夫美也者至故曰美

連點若於目觀至胡美之為連圈夫君國者至安得肥連點且夫
私欲至安用目觀連圈靈王城陳蔡不羹上一圈且夫制城邑至
安而不動連點夫邊境者至民亦懼之連點靈王虐上一點用之
實難至寘[illegible]他言連點賴君用之也至規為瑱也連點昭王問於
觀射父上二圈古者民神不雜坐圈民神異業敬而不瀆二句坐圈民神
雜糅至家為巫史連圈乃命南正至絕地天通連圈子期祀
平王上一圈鬭且廷見令尹子常上一點王孫圉聘於晉上二圈未
嘗為寶連點楚之所寶者至此楚國之寶也連圈國家將敗至嘩
大疾味連點為之關籥至恐其至也連圈

吳語

吳王夫差 上一圈 吳王夫差乃告諸大夫曰 上二圈 夫越非實至甲之蹷

也 連点 大夫種 至 安受吾燼 連圈 吳王夫差既許越成 上二圈 越之

在吳 至 安有吳王 連圈 今王既变 至 無方收也 連点 吳人有功

批云下宜接下篇 至 何以使下國勝 吳王還自伐齊 上一圈 夫天之所棄 至 而

遠其大憂 連圈 將死曰 至 國之亡也 連圈 吳王夫差既殺申胥

上一圈 二者其利 至 必會而先之 連点 民以惡死 至 危亡也哉 連点

吳王昏 至 出火竈 連点 陳士卒 至 望之如墨 連圈 為帶甲三万

至 去晉軍一里 連点 昧明 至 大駭不出 連圈 孤以下密 至 孤敢

不從君命 連点 吳王夫差既退於黄池 上一圈 吳王夫差還自黄池 上一圈 及昏乃令 至 乃至于吳 連点 昔天以越 至 君之令乎 連点 以民生之不長 至 以沒王年 連点 夫差將死 至 以見貟也 連圈

越語

越王勾踐 上一圈 昔以越國之罪 至 之所愛乎 連点 三江環之 至 則無吳矣 連点 夫人事必將與天地相參 然後乃可以成功 連圈

海峯先生云：越之滅吳，驚動一時，後之摛觚者爭為文以傳其事，故既有吳語、越語，又有吳越春秋、越絕書。越語下篇亦春秋、越絕之類，非國語之文，校國語者取以附於後，可傳。倘既

不一而作者又以己意緣飾其間此篇全歸獄於范蠡一人不惟

不及大夫種所勿踐亦不能滅吳而惟范蠡能滅之又意范蠡

與蘇秦同讀陰符鬼谷之書者故其言多此此柳子厚所謂

廣蔽怪、奇也　又云范子至於乎極似之吳越春秋口角末文院

介子推亦舉出

惜抱先生云海峯之言非是國語固非一手所成齊語之作

已與周書了不相近何論吳越所越語下篇雅非周人所作

然終是古質何至與後漢人吳越春秋越絕書為比乎左

傳非盡出於左丘明鄭已嘗論國語亦不足為經所採

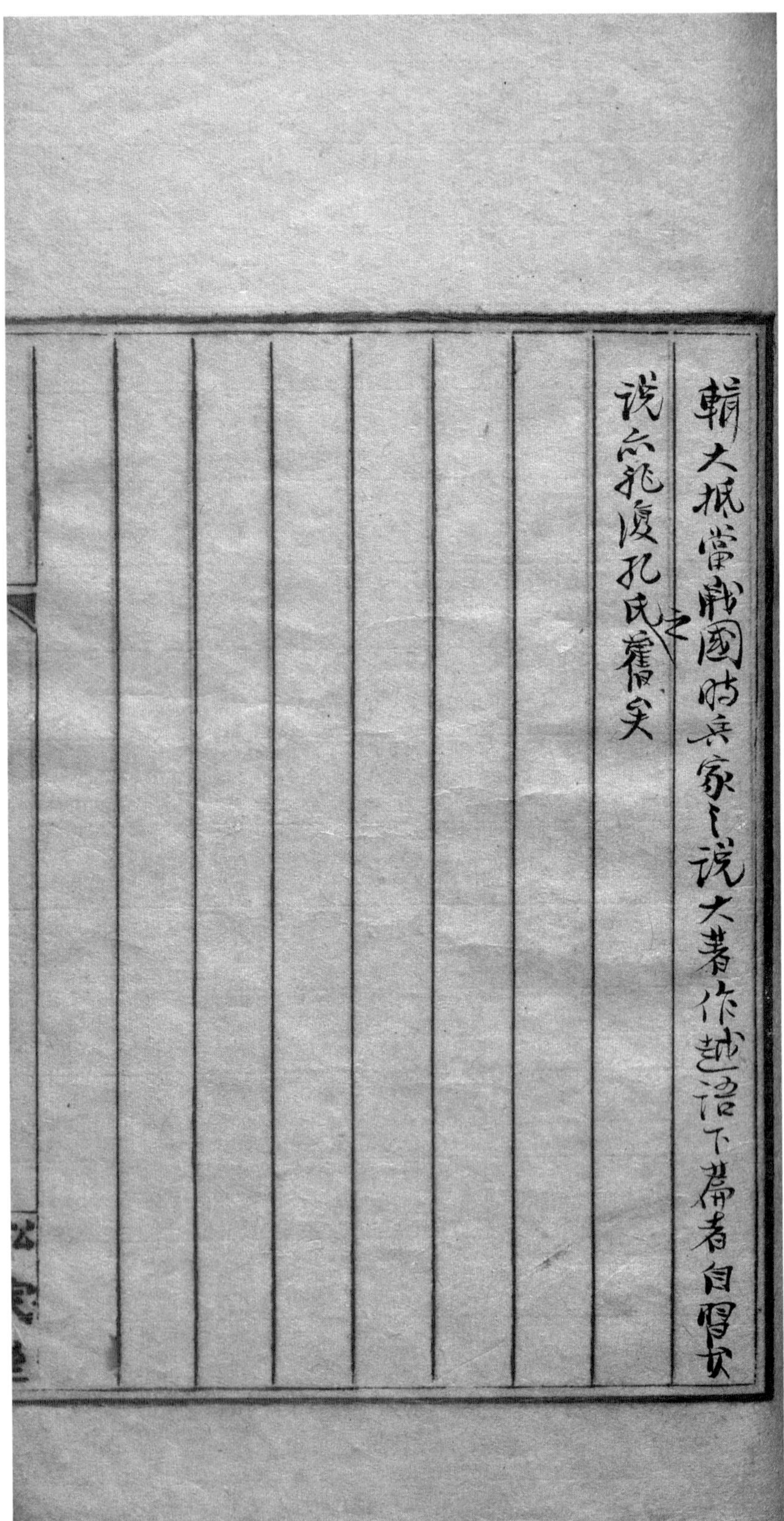

輯大抵當戰國時兵家之說大著作越語下篇者自習其
說亦非復孔氏之舊矣

吴挚甫先生文

一卷

吴摯甫先生文

《吴摯甫先生文》一卷，清藍格鈔本。一册，毛裝。半葉十一行，行字數不等，藍口，左右雙邊，無魚尾。框高十六厘米，寬十一點五厘米。文中有吴氏門人賀濤朱、墨筆圈點及評注。卷端無題名，此據封面及原簽條著録。

本書收録吴汝綸各類文章三十餘篇，其中以序跋類與哀祭類爲主體。從鈔録字體來看，全書并非出自一人手筆。

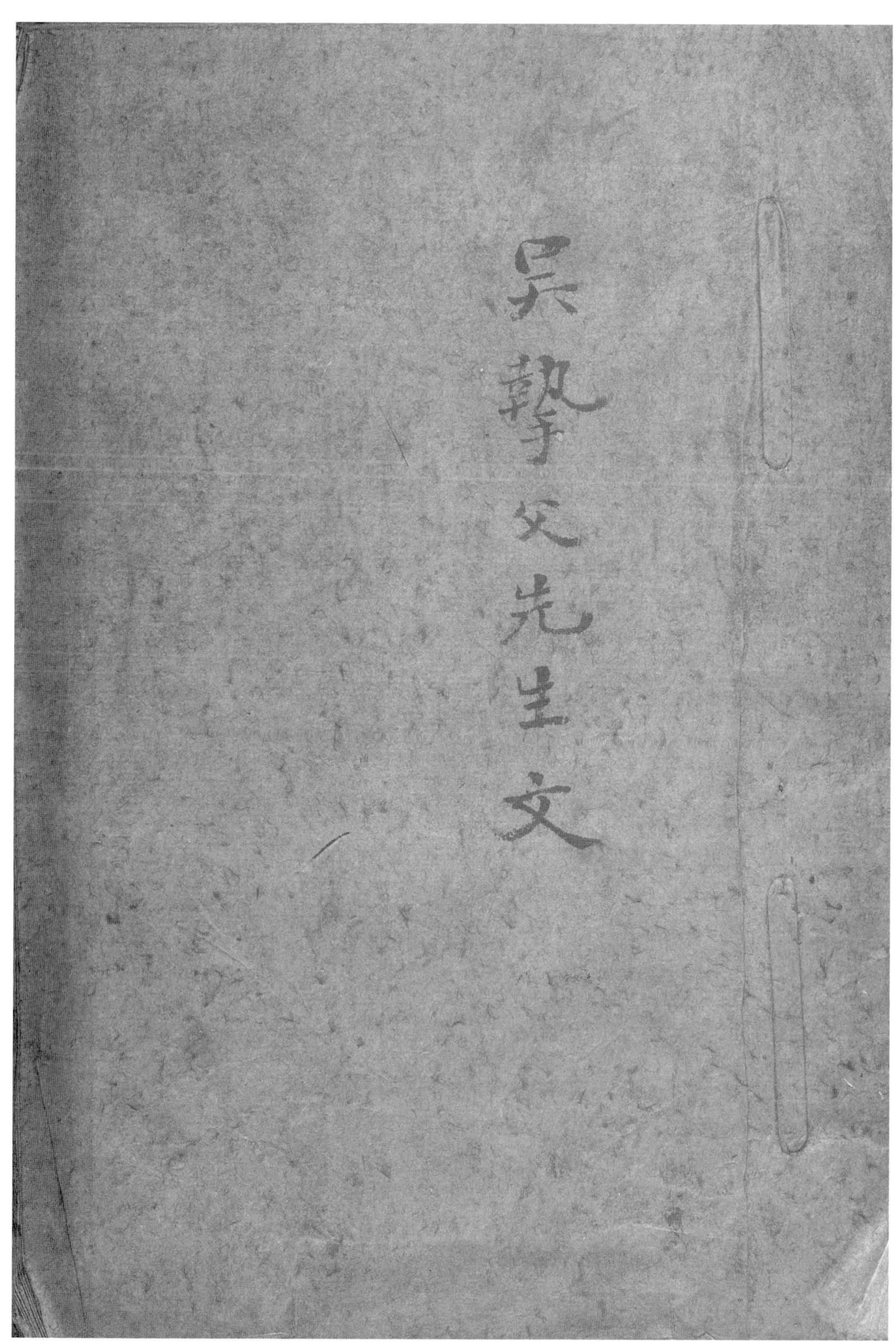
吳摯父先生文

趙忠毅公遺書後序

王君蓋臣令高邑，捜訪趙忠毅公遺書，得其手錄，補綴殘遺，屬予識其事。予讀其書，大氐應接儔友之作，非欲流示後世者，獨所著文章為可久。今王君所得文集，僅尺牘四卷，無他體。天啟中所上疏及味檗齋筆談別行，不入集中，而詩歌又佚不見，蓋殘缺不完之本也。趙公文集二十四卷，載在明史藝文志，乃公沒後所輯錄，崇禎中刻。若蓋臣所得，則萬曆時刻本，蓋公罷考功歸里時所著也。方是時，公與顧涇陽、鄒忠介三人者名負天下重望，皆以[illegible][illegible]於世，退休二十餘載，授徒講學，若將終身。及泰昌、天啟間，鄒公與公復起用，顧亦雖未出，其在林下，始終以天下為己任，自今觀之，三公者皆非能遺世枯槁者也，考其終，各有樹立，而公尤磊落俊偉，中奇禍，竄逐流離，顛踣而不悔，豪邁之士爭慕效之，遂成一代風俗。其於死生禍福，既以漠然無動於中，則其出處進退之間，夫豈以憂喜者。亟使早知其後之禍如是之烈，其於君國豈能少補分毫，則雖以扶之其術，聽之謀，庶可稍避國，將執遁而不顧，以悅世，以忠義為天下倡者也之不幸也。夫定本志而後執者識士為出而任天下之重義不可為已，則亦即以退矣，則其處而自處者宜何足怪。

讀淮南王諫伐閩越疏書後

淮南王諫伐閩越爲漢計謀至忠懇而世輒以謀反少之君考之史淮南之反則審御公孫宏構之而張湯尋端治之蓋冤獄也凡史所稱謀反之刑未著實先發覺受誅者事大率皆類此古無所謂謀反之律也公羊氏之說春秋乃曰人臣無將將而誅而商君治秦有告奸之賞有匿奸不告奸之罰其卒也身坐反誅車裂以徇曰無或如商鞅反者此亦足以昭造法者之受禍烈矣乃自是以來有國者一循商君之法不少改也漢興高祖用之以陳韓彭元功之逼文帝用之以前濟北淮南宗親骨肉之忌而淮南仍父子被惡

名隤身失國，太史公蓋尤傷之。後之帝者，開創則誅功臣，守成則忌骨肉，而皆以謀反為主名，亘千載踵跡躡一轍，是其尤可悲者也。昔者嘗怪賈生以天下才自任，既痛哭上言，請眾建諸侯而少其力矣，乃又欲廣梁、淮陽，封皇子以尊近人主，忌兄弟信任己子之私心，且逆慮易世而後嗣復忌兄弟信任己子如今日也，故以為二世之利，此真小人逢君之惡者之所為耳。以此議法，庸有哉！淮南之封，文帝徒解嘲，固非本意，賈生逆探其意而欲尊之，其說雖未行，漢君臣自是固目之以白公、子胥待之。淮南矣王安知之，故以讀書鼓琴、學養生之術自涵，使天下眾知其儒柔無武節，冀可以安，乃卒

不能自脱吴楚之反之不從亂己歸功國相所劫蓋
不待伍被諂吏告變而識者知其不可以終日矣此小山
招隱之所為作也然夫武帝曰王安方以讀書鼓琴養生之
術自涵潤越閩兵當取道淮南乃欲諫止其役似恐漢
知其國阨塞地利者不益中漢朝之忌季曰此國家利
害不得顧己私是乃安之所以忠愛也且武帝用兵
決於英果無敢以言爭論者公孫宏諫伐匈奴亦
受難自任過司馬長卿欲諫開西南夷亦不敢正言
而託諷於蜀父老獨王安於閩越之舉莊言切論所
避忌此其賢於長卿宏遠矣用刻深之法繩讒間之
言以自遂其忌克之私已於獄成而示之天下雖寬奉陶聽

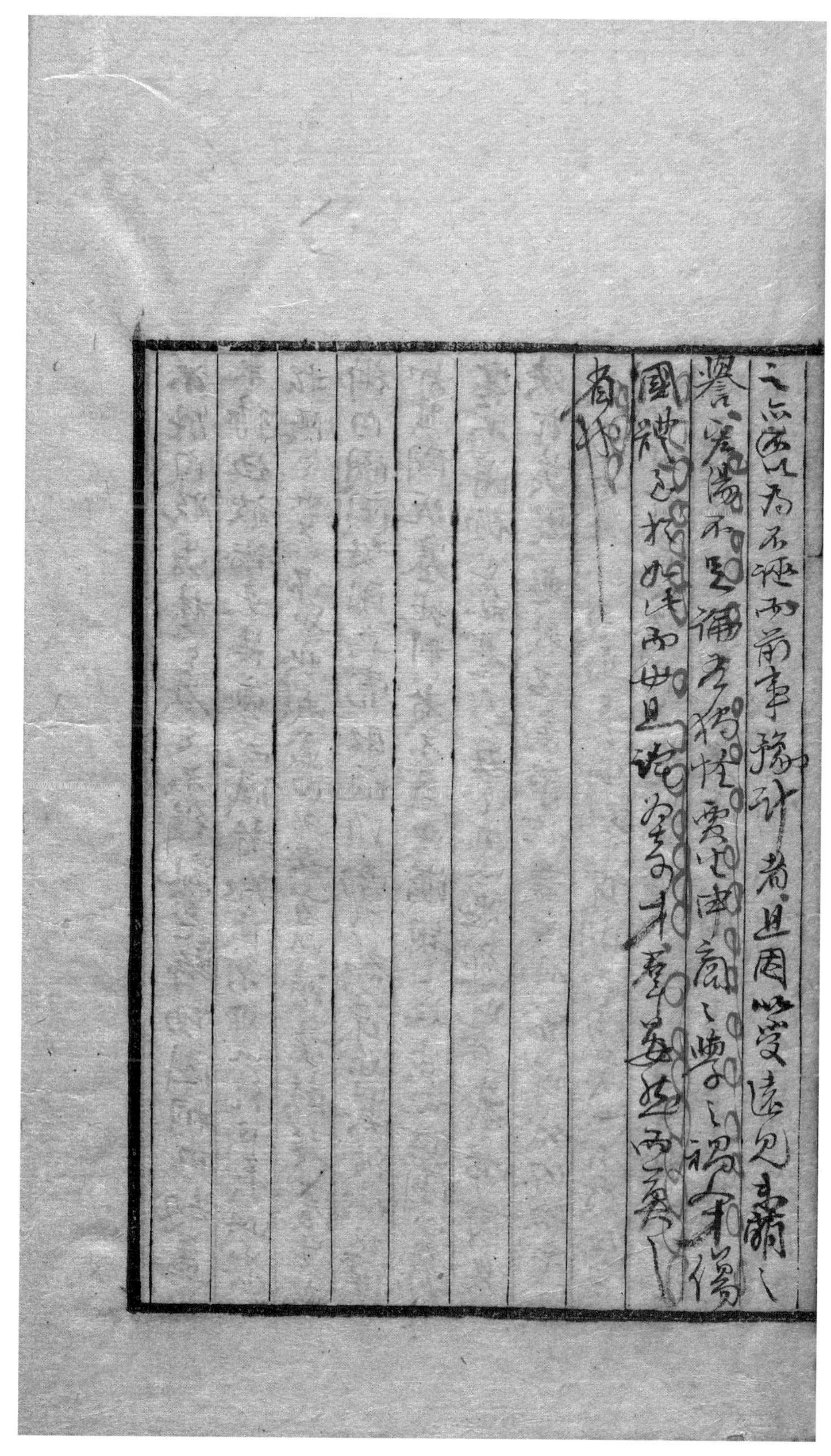

跋孟公尺牘

胡君列孟公家官文恭幕下得諸公手書曾文正以下曰胡文忠曾公相國合肥李公曰左文襄曰彭剛直公凡五人貼為大卷弆藏之間索汝綸曰子為孟公撰其意汝綸曰功名之際蓋難言哉方曾文正之始請從團練昌守死祁門豈知其後贊成中興盛烈九世官文恭周旋曾胡諸公間當時見謂媼桐李与胡公俱享顯名血食至今不絕也左文襄在湖南幕調兵筭食以諸葛君自待彭剛直徒步千里出入賊中以赴曾文正之急皆烈士也功有鴻殺名非偶然者二公之論外事皆以持和議購船砲為非越南之役皆領兵

用舊法防海未遇敵而兵罷心亡葦矣然此或多之
公威望謂能固圉走堅敵也曾文正既殂今相國合
肥李公能籌鉅銀鉅任經營遠略垂三十年天下想望
風采及　國兵挫於日本中外歸過焉咸集有時
豈人力也哉權勢既替既聘方外周遊九萬里所
國君優禮過等他國使臣望塵不及皆曰此東方畢
士麻克也畢士麻克者德國名相也西國人稱之李公
配之東西並峙焉　國兵之敗挫而宿望猶在其是非之
不同中國以此詩書之說眷狀功罪之律　強作海
外殊方所與之所知也已

馬佳公夢蓮詩存序

寶琳

馬佳公定州之治，今湖廣總督張公在翰林時既為之碑。公子理藩尚書諱諶、副都統駐藏大臣諱誠，文寫定公遺詩文藏傳之，為世業。今年余在都下，尚書之季子戶部郎諱彝、兵部郎諱英奉公詩謁序。於是都統公有子世善，方奉命出守衢州，而是時京師久淪陷，天子蒙塵，畿內州縣多蹂于兵，而如馬佳公之遺績，邈不可復得，得是益重公遺文。公故不欲以詩人自居，題其集曰詩存（謂因詩存）事。始公考禮部尚書勤直公立朝有風采，傳詩法于仁和金雨叔，於撰姓名其集曰詩存。公治行文術多本之家學，其詩不為浮靡麗豔，讀之懇懇乎忠孝人也。蘊積厚則嬗續也遠，宜公後之多賢哉。國

家以八旗勁旅取天下奄遼瀋故家世食舊德忠亮登翼代興
交盛漢法日不能及唯　天子亦嘉與旗人樸忠敎之以漸染
漢官文弱習俗爲識自開國逮乾嘉武功爛赫盡出八旗然
時時用儒業起碩第不專重咸豐用兵時卒始多滿人是
後滿蒙勳舊流風遂降稍陵遲矣及今兹之亂讀者至歸
咎近臣無學惜哉惜哉讀馬佳公遺詩上溯勤直公家風法
退考公子孫名業之著自乃年世守蟬嫣不替乃知此固益
慨想我　清隆平時世臣貴戚流衍之蕃且久文武隨用中
外布至是用暨聲敎振威稜有緣思焉嗚乎盛已夫光緒
二十七年冐月桐城吳汝綸撰

離合鑄經緯以神行　門人賀松坡濤

吴摯父天演論序

嚴子幾道既譯英人赫胥黎所著天演論以示汝綸曰為我序之天演者西國格物家言也其學以天擇物競二義綜萬彙之本原考動植之蕃耗言治者取焉因物變遞嬗深研乎質力聚散之義推極乎古今萬國盛衰興壞之由而大歸以任天為治赫胥氏起而盡變故說以為天不可獨任要貴以人持天以人持天必究極乎天賦之能使人治日即乎新而後其國永存而種族賴以不墜是之謂與天爭勝而人之爭天而勝天者又皆天事之所苞是故天行人治同歸天演其為書奧賾縱橫博涉乎希臘竺乾斯多噶婆羅門釋迦諸學審同析異而取其衷吾國之所創聞也凡赫胥氏之道具

如此斯以信美矣抑汝綸之深有取於是書則又以嚴子之雄於文以為赫胥黎氏之指趣得嚴子乃益明自吾國之譯西書未有能及嚴子者也凡吾聖賢之道教上者道勝而文至其次道稍卑矣而文猶足以久獨文之不足斯其道不能以徒存六藝尚已晚周以來諸子各自名家其文多可喜其大要有集錄之書有自著之言集錄者篇各為義不相統貫原於詩書者也自著者建立一幹枝葉扶疏原於易春秋者也漢之士爭以撰著相高其尤者太史公書春秋而作人治以著揚子太玄擬易為之天行以闡是皆所為一幹而枝葉扶疏也及唐中葉而韓退之氏出源本詩書一變而為集錄之體宋以來宗之是故漢氏多撰著之編

唐宋多集錄之文其大略也集錄既多而向之所為撰著之
體不復多見間一有之其文采不足以自發知者擯焉弗列
也獨近世所傳西人書率皆一幹而衆枝有合于漢氏之
撰著又惜吾國之譯言者大抵弇陋不文不足傳載其
義夫撰著之與集錄其體雖變其要於文之能工一而已
今議者謂西人之學多吾所未聞欲瀹民智莫善于譯
書吾則以謂今西書之流入吾國適當吾文學靡敝之
時士大夫相矜尚以為學者時文耳公牘耳說部耳舍此三者
幾無所為書而是三者固不足與於文學之事今西書雖
多新學顧吾之士以其時文公牘說部之詞譯而傳之有
識者方鄙夷而不知顧民智之瀹何由此無他文不足焉故

也文如幾道可與言譯書矣往者釋氏之入中國中學未衰也能者筆受前後相望顧其文自為一類不與中國同今赫胥黎氏之道未知於釋氏何如然欲儕其書於太史氏揚氏之列吾知其難也即欲儕之唐宋作者吾亦知其難也嚴子一文之而其書乃駸駸與晚周諸子相上下然則文顧不重耶抑嚴子之譯是書不惟自傳其文而已蓋謂赫胥黎氏以人持天以人治之日新衛其種族之說其義富其詞危使讀焉者怵焉知變於國論殆有助乎是旨也予又惑焉凡為書必與其時之學者相入而後其效明今學者方以時文公牘說部為學而嚴子乃欲進之以可久之詞與晚周諸子相上下之書吾懼其舛馳而不相入也雖然嚴子之意蓋

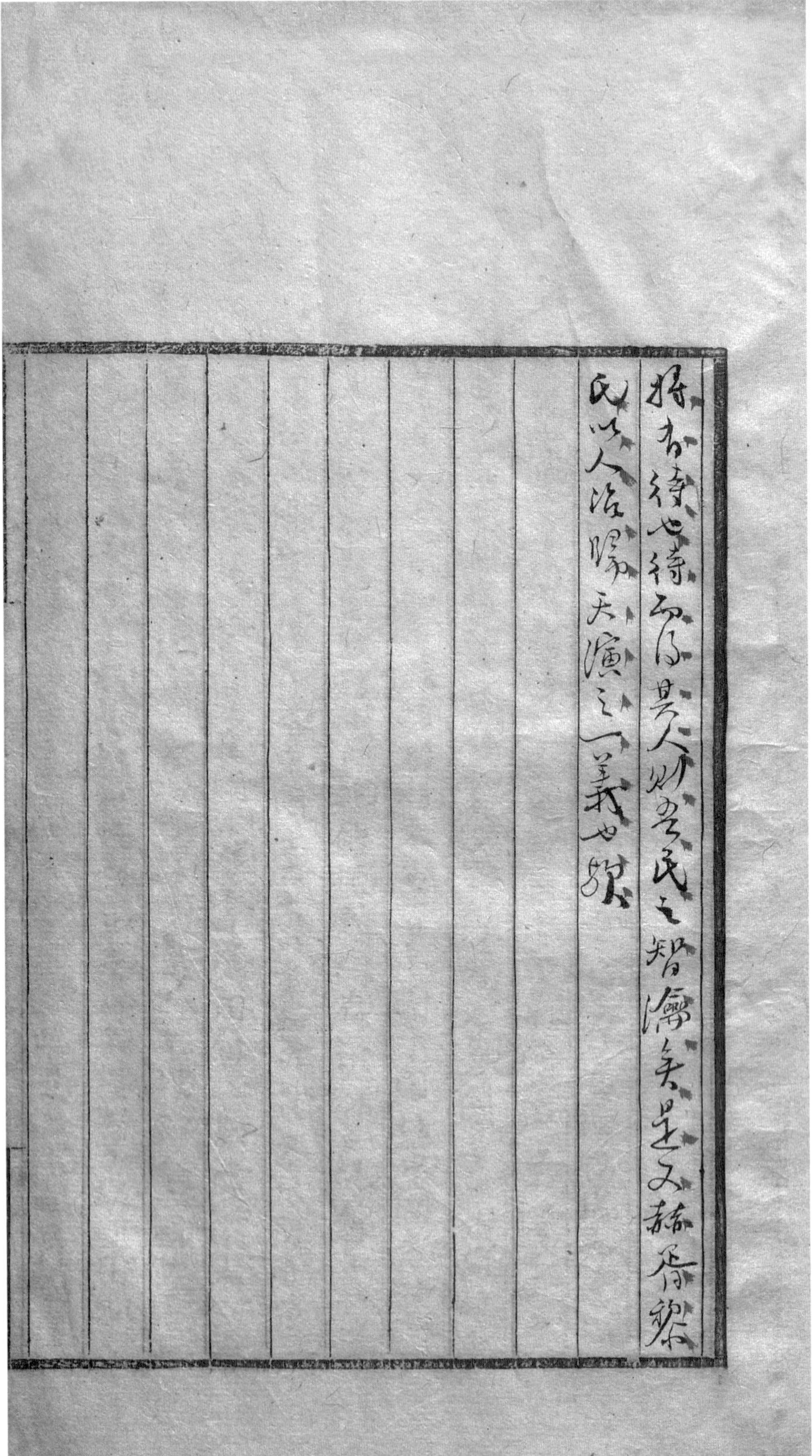

將有待也待而得其人則吾民之智瀹矣是又赫胥黎
氏以人治歸天演之一義也歟

原富序

嚴子既譯斯密氏所著計學書名之曰原富俾汝綸序之斯密氏是書歐美傳習已久吾國未之前聞嚴子之譯不可以已也蓋國無時而不需財而危敗之國爲尤急國之庶政非財不立國不可一日而無政則財不可一日不周于用故曰國無時而不需財及至危敗財必大耗欲振衰圖存雖財已耗愈不能不用故曰國（危敗）無之後尤急中國士大夫以言利爲諱又忸習于重農抑商之舊說於是生財之途常隘用財之數常多而財之出于天地之間往往遺棄而不理而棄財不理則人之視若糞土勢必擴府而無爭於是財既竭財而棄財不理而不給于用則仍取給于隘生之途之途益隘而取益盡於是上下交瘁而國

亂其國財，亂其財國，亂其國則危敗之形已見，危敗之形見而不思無計，財利與盈束手無策，視而無如何，思變矣而不得所以變之之方，雖紛紛日擾擾，徬徨交至，驚懼不寧，無以毫之益中國自困。漢到今，傳所稱理財之方，其高者則節用而已，天下乃奪民財以益國用已耳。奪民財以益國用，前所[謂取]給于陰生之途是矣，此自强之術也。節用之說，施之安常之世，能使不致廢缺不舉而財聚留於不用之地，施之危敗之後，則節無可節，廢缺如不舉而無可聚留，循是不變，是坐困也。所謂奪之之方者何也？取財之出于天地之間者，條[而]理之，使不遺棄，凡必奇材傑智，不及能也。然而不痛陳謀商務之弊，不破除重農抑商之故見，則財日遺棄於不知矣，安得而執理，是何也？以利為諱，則無

其說甚精與牽引古意義以比附西事者固自不同然終非自造境界蓋非先生文之至者 賀濤注

理財之學重農抑商則財之可理者少矣商者財之所以通也農生財之一途也閉財之多途而使出于一所謂隘也其勢常處於不足商何通之可言古之生財之途博矣博而不通則壅故商與焉禹之治水也既與益稷予衆庶稻及他鮮食矣又調有餘補不足懋遷化居以通之是商與農並興始也專農一途故不需商焉於九州田賦既等而次之而其貢篚則皆所鮮而多於通易之物凡畋之所獵漁之所獲虞之所生工之所作小人之所取舉財之出於天地之間者無不財取為用矣是故勸商者多州之終必紀其水毋輸則皆商旅所以通之路也是安有重農抑商之謬論乎禹之理天下之財至纖悉不專農如此而小利尤遂善荊揚之金三品玉周而猶盛故詩曰大賂南金及漢以

而後乃稍息歇史公有言豫章黄金取之不足更費其記也使
上溯神禹附之二千年矣禹之與耶利如此又勤之毋輸通九州毋
稱之水道如此使神禹生今時見汽車於今時之路礙不決意也況
乃處危殆之後則凡周宣之考牧衛文之通商惠工騋牝三千蓋
皆奉神禹為師法而不以利為恥而諱言之年今國家方修新
政而苦財絀息耗說者謂五洲萬國我為最富是貧乏之患也
而嚴子之書商政於是時此斯密氏言利書也頗附會不滿於
商要如乎國抑商之說故表而詳之世之君子倘有取于西國
計學家之言乎則斯密氏之說具在倘有取于中國之舊聞
乎則下走所陳亦欲通人財幸焉

丁全野編脩所輯萬國地理序

丁君譯此書文甚簡直明贍於學塾肄習爲善本彼粗知學之士粗知國于五洲者是之多亦稍識其虛憍之見而於天演家所謂物競天擇二義或者其有惕乎中是亦近化之一助也盛衰存亡何常之有綜數十年百年觀之往往有小弱易而強大地奮之邦強其銷弱不可犯數十百年之後又安知僅僅自立地不趨而與目前所謂強國更盛代興而莫測邦民之孰存亡也獨悲世知不及待耳烏乎

世界地理學序

矢津君去年遊吾國，出所著世界地理書貽余，余倩學徒曉东文者譯之，久而未出。今来日本，則矢津君已諈諉見子敘孫譯竟，而屬余為序。西学日新，後出者勝。矢津君地理学名家，所箸書甚多，此編其後出者也。盖今世界能分土立名字者六十有一國，矢津君皆能言其地域、風俗、物產及國強弱。大率強者進取，弱者無如何；強者雖小必興，弱者雖大必削。強者長駕遠挍，弱者捧土地權利以媚送人，其尤甚寃，則弱國不自保，強者遂領之，誘之領土，俄扎飛列濱、特蘭斯窪尔彈丸地耳，不甘為人領，奮起以抵強大國之鋒，雖勢不敵，要盡國雄也。特人喋血三載，謁強國智力所極，僅乃服伏從之烏乎烈哉惜其起撮土不足以自副其志使特之君長及將帥得席而爲之將有所憑藉其所就不量也哉印度埃及故大國後皆爲他國領土權與轉至不得怨矣怨夫當其勢之未變彼則安坐揣默自謂無患也矣豈庸知乃詛之曰伺其側乎徒其時得以特之君相者持之矣知其必有異也強弱之勢夫豈不以人乎哉痛乎惡夫

日本高田忠周古籀篇叙

中國古文字今書完具可讀者獨説文説文九千餘字蓋略準漢尉律課學僮字數爲書非謂都天下所有字盡于九千而已也凡時訓纂既久佚亡許君一先生之言猶尔不能無少違失又閲時綿曠傳寫附有訛奪今拘學者奉許書爲律令字不見許書輒不敢引用至劉字漢氏國姓亦以今説文無有竟改爲鐂不甚惑歟日本高田忠周君示予所撰小學書自三代彝鼎銘識秦漢刻石摹印權量瓦當錢文隋唐篆隸碑額一形之異必摹寫甄録於説文所列字外凡得二萬八千餘字除復字得[illegible]三千二百餘字又往往斜正駢重謬誤皆精覈創獲未嘗前有凡爲書

三十有二卷故名古籀篇余易之曰文史甄微篇取許
氏自叙所謂廣業甄微其恉也其隸楷異其讀別為篇班
孟堅稱古者書必同文日本故自有國書與中國文字別
行一國書文本不同近今大學校率用歐洲英德法諸國
文字教肄其通中國文者蓋寡其國民所謂普通學僅用
中國字一千三百文謂已足用論者方議更減以便學僮耳
國家尚歐文其視吾國文直以芻狗比高田君獨為之
於舉世不為之日所不謂豪傑特立不因循之君子矣乎
夫鼓情物極致機械之學誠不能不取資於歐美及吾文字
之學則中國故特勝萬國莫有逮及其後之君子有以高
田君其人當文化大同之日必能折中而別白之獨今之世

此論未集定乎抑所貴乎中國文字者能使能明知其字形而已綴字為文氣行乎其間而寓聲音神彩於文外雖、古之聖賢豪傑去吾世甚邈遠矣一涉其書而其人精神意、氣象儼立在吾目中況其宣揚王廷號令治察之行於萬時者哉此說非以譯言為文字者所可一旦暮而世共喻之者且文字國粹與國勢遞進世之變不可前知未宜執偏之人而強與語韓退之有言凡為文章宜略識字世有治文術者待高田君之書而肄習之庶幾其有益于多識也乎高田君又有說文注疏字學關海二書皆洪博能成一家言

送張廣伯序

孫況揚雄世傳所稱大賢其著書皆以成名乎後世而孫卿書稱説春申法言歎安漢之懿皆千世論之不韙載而以告萬世者也以此頗怪之吾則以謂凡著書者君子不自得於時者之所爲作也凡所以不自得者君子之道不枉實以諛人而當世貴人在勢者必好人諛己士諛己之人不諛則貴人惡其傲己士人若惡其異己貴人與貴人比肩於上士人與士人比肩於下上惡其傲下惡其異雖窮天地橫四海而無與容吾身君且於書也何有於此有人在勢者雖甚惡之而猶欲爭其名而不之害傷則君子俛悝而就容焉耶

成吾書而是人也雖敬乎其名固前知其不誒已也聞有書則試求而亟觀焉察其褒譏所寓得其疑且似者且曰此謗我也此怨非我也則從而齮齕之矣蓋必其章章然稱道歎羡我也夫乃慭置為相忘焉彼君子也其志潔其行危其不枉實而誒人衆著於天下後世及其為書則往往詭詞謬稱譎變以自亂以為吾意之是非後有君子讀吾書而可以得之矣安取彼豈豈察察若為嗟夫此殆君子所遭之不幸而其用意已可悲而已詩三百篇所為主文而譎諫孔子之春秋所為微詞而楚之騷孔北海禰正平之徒背而易之所以卒會禍殃而已死不悔者也二子之書其意在此吾既推

而得之會吾友張廉卿北來乃為書告之復書曰子言張是也蓋自廉卿北遊五年於茲吾與之歲相往來日月相問訊有疑則商焉有得則以告焉見則面相質別則以書無如此今茲湖北大吏走書幣因李相國聘廉卿而南教講於江漢廉卿今世之孫揚也見今貴人在勢皆折節於下賢不好人徒已甚所遇孫揚遠不如其北來也自李相國以下諸尊師之老而思欲南歸而湖北君所展卿其大吏又慕聲禮下之如此吾知廉卿可以直道正詞立行文以垂示後世無所不自得者獨吾離師友無以考道問業疑無問得無告汝倫於其歸不能無缺快也因取所意於古而常質於君者書贈之以為別

送李方伯序

國家專閫之任寄之特揀而常儲其選於兩司布政之
之視按察稍差也而劇局懸絕按察使治理致乃擢
布政每行省巡撫缺必於布政乎取之故布政遷階也
潛撫之任有內政有外政內政者經常遵已耳安成
事已耳一年世之云優為之顧不足治於之政之成也有
長駕遠馭之才焉有緯文伐謀之智焉有折衝禦
侮之威焉有尊主庇民之術焉有開物成務之能焉
有轉移風會之用焉有陶鑄人才之器焉有日新月
盛之績焉有取長棄短之益焉非得文武將畧
能撥亂持世變之才未有能充乎其任者也序

國家之勢急外政矣言者頗謂其本在內海上兵羅世之彌能內政者朝廷往往拔而置之樞兩司專其責以治內而內卒不加治凡內治云者非今之所謂踵常述成事而已也蓋必振民之窮而使之富焉必開民之愚而使智焉今之內治者無所謂富民之道也能不害其生則賢矣無所謂智民之道也能成就之使取科第於有司則以為賢矣民固窮也吏雖不之害其窮猶故也民固愚也雖成就之使掇科第其愚猶故也又況不能成就之者及害之者天下比比也循是不變窮益窮愚益愚今以外國之強大專以富智為事者日言富無窮且愚之民以與富智者角其勢之不敵不煩

言法矣而所以富智民者其道必資乎外國之新
學是故外政之不修欲求內之獨治不可得也猶枝
之任兼內外布政則專職乎內外之不修吾責焉其
為猶拄之避階也故必兼明乎外政而後望與宣
學而有以裕乎其內雖然能此者罕矣光緒三十有
三年六月朝命以直隸按察使江寧李公為福
建布政使公之內政既聞乎朝廷矣今且慮材屬役
議興建學堂以講明外國之新學議甫集而朝命
下眾謂新學且中輟也公剛毅然獨任乎定其規制
而後授代識者於是知公之外政又將大有立於世也
其繼是而膺專閫之任有不優行而得裕者乎於公

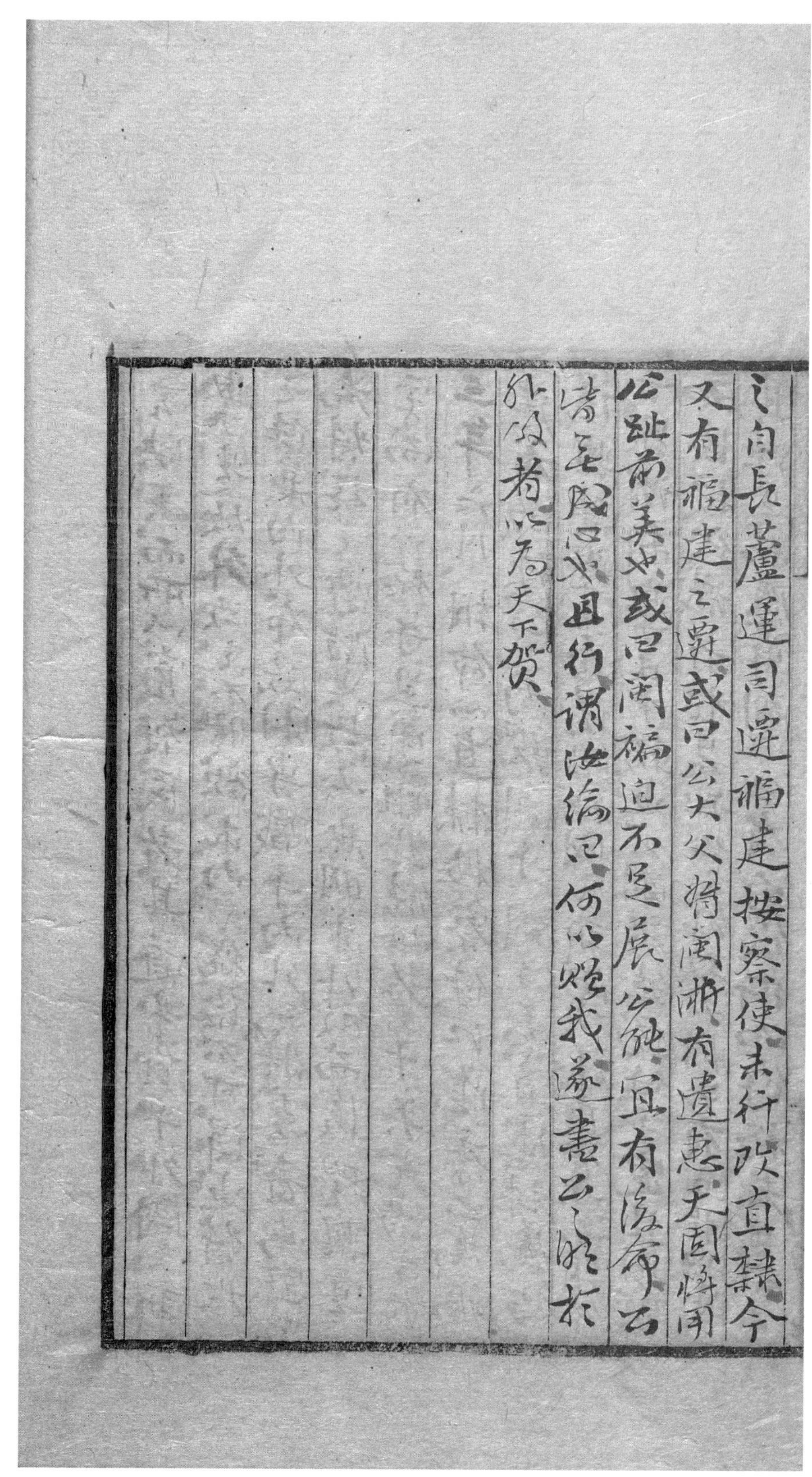

之自長蘆運司遷福建按察使未行改直隸今又有福建之遷或曰公大父將閩浙有遺惠天固將用公趾前美也或曰閩福迫不足展公施宜有後命云請至闕已也且行謂汝綸曰何以贈我遂書云贈於外役者以為天下賀

送陳伯平太守入覲序

揚子雲云古者高餓顯下祿隱或曰祿餓之於隱顯近而已高且下焉無以為也或曰以屬夫尸素者也夫祿隱之尸素也異矣尸素者食焉而不事其事有難而辭循循焉避之者也祿隱者蓋有意乎其事矣而或從而屈之甚乃排之以致其敗也排之以危其生也而祿焉者自為也以致且危者任之天以至屈焉排焉排者任之人不以屬其意也然卒不得專其事也以是為隱焉而已士亦有時於是時也雖使去而祿志有若焉亦不遂激而為餓也不遂激而為餓之而且餓雖餓不顯矣時其難也尸素者循循焉避之祿隱者於此而不

惟餓之一途也蓋有湯鑊以徇之者矣有乞假以援之者矣有陽狂以逃之者矣有厲啞以報之者矣有師旅以興之者矣有繾綣以從之者矣有委蛇以徐之者矣有鄭重以維之者矣有濡忍以遲之者矣亦有窮餓以持之者矣是故時乎餓而餓不知其顯也時乎祿而祿不辭於隱也夫何高下之殊之乎揚子之爲論也爲東方生言之也東方生之拙矣而亦之惠也淺之乎論惠矣也或陵且辱焉或不焉於子論定之矣此揚子所從折中也雖然揚子之持論若此即其身之出處宜有以寡其言矣漢之祚潛移而揚子之祿焉者自如焉後之知揚子者頗以揚子之視勢利蓋泊如也或曰揚子之道合於箕子之明夷或曰於時爲不可去也則揚子之所

小矣是之說者其於所云高餓顯下祿隱之指其亦合乎不乎此殆未易以遽決也由揚子之言以觀揚子之道爲其於勢利泊然也雖時乎其難而不必於餓也況時之不遇激而爲餓者乎保定知府長沙陳伯平仕有道之時出入有名績揚子之言與道皆不足比附焉伯平而伯平嚮者之議論嘗有取於汝綸之早退今伯平政成入覲而先奉其母夫人歸長沙式者殆將不出乎士之慕望伯平者會爲詞以寵其行汝綸爲之舉觴揚子之說以進之謂君子之相與不必遇之以迹乎伯平有弟曰觀虞與余游最親以善是行也与伯平俱南將以知府待闕於浙江伯平其以吾言示之且以

為何如也

潘蘩閣七十壽序

國家岸江海開關通市海國遠重臣分領海事而上
海天津最為南北都會上海遠隸江南去京師遠不
尋決事事以故稱簡天津則大臣旌節所駐地二十年
來中國所資西法開新遠者事咸集於天津方
外開旅朝夕待事地又近京師內外取決視上海較
且十倍而其地者順昔長吏更變多嘗識毛髮事
失職宜至晉一國之學其敝往往然也知府之為官上
海所無獨天津有之其職通上下國中外者二爾從
遠積勢館則害而整飭創議委員自大臣以國為
思有所未通議有所未定者諮詢訪問皆將於知府焉

法之而知府或老於仕宦不暇閱五洲遊述各約法
國之何名或新出後生不親見同治以來國家多難經
重之時失之之事驟責其任而不知所以堪之於是中外議
者一責之於大臣閣臣不復論知府知府之無足也光緒
二十年吾友清君慕閣以保定遷鉄知府補天
津知府於是君年七十矣眾謀所以壽君者咨曰
清君自少官江南居上海最久佐上海道通商
其績最著後以官天津五年年皆歷任直府
緣邊郡縣所至有績而官海關還天津之同海
政行可謂才長而更事多者也同治以來鄰國多
際之之事皆所目接而心識之者游歷述各約法國之人

才風發踔厲，殊可欽服，而勇知也。以是而為政於通商之都，會足以堪其事。大臣周道之有遺漏，足以維碩訪知，府於是以其人緣者不得欲其聯絡之有大凡。罷所稱頌，具如是。是以壽濡君為此編，示濡君大將，於濡君不能無私望也。至呈同甲午用兵以後，於國之使益騰。夫國因於用兵，以易宋其故，士大夫震知中外之不可隔絕也，則一切以濡君忠容納之者，不可得於外國也。不習外國之情勢，而深求相抗之策，要其謂僅僅僅知有國也，事事不可也。不習外國之情勢，而一切以濡君容納之，是之謂徒然將則為外國所輕，且益為侮，而侮愈不可也。凡與國之交者

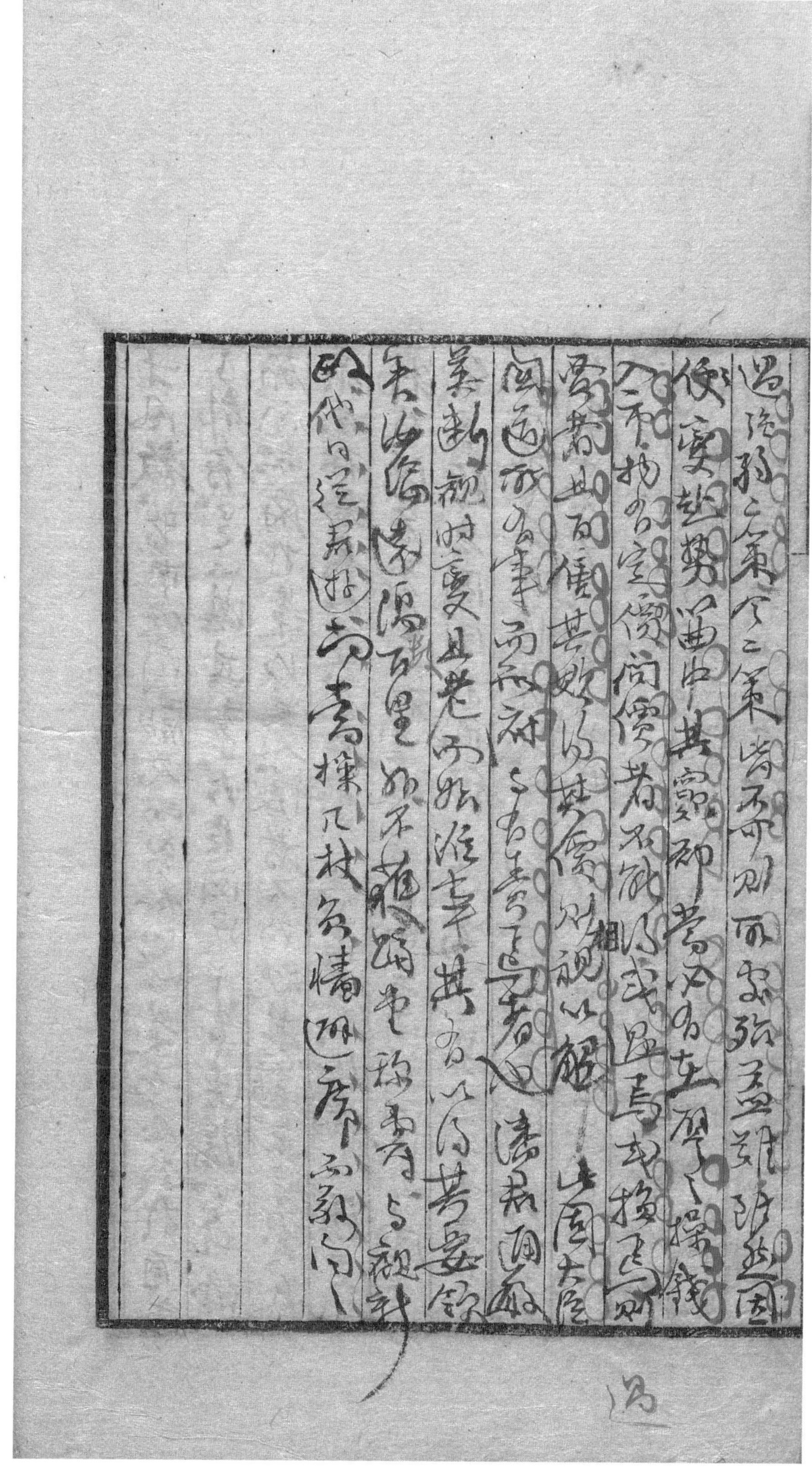

合肥淮軍昭忠祠記

國家兵制至淮軍凡三變始於旗營之制命將出師取兵于素養事定則兵歸伍將歸京師以楚之役兼資招募不專用額兵變兵用勇自此始粵逆起大學士賽尚阿募潮勇擊賊而江忠烈公以楚勇顯聞潮勇不循法度難用江軍能戰守而用矣亦以犇命憯獨曾文正公起湘鄉教練鄉勇倚以辦賊號曰湘軍湘軍興而舊時額兵盡廢勇於是始變矣文正公之起湘中也今相國合肥李公以父子奉詔在淮團練淮南江忠烈之撫皖文正公嘗貽書忠烈言相國可屬大事是時相國以編修治軍名位未顯屢轉客所就及皖公破久之遂棄淮南軍從文正軍江西同治紀元以文正薦募淮南義故六千五百人赴

援上海於是劉公銘傳潘公鼎新張公樹聲吳公長慶等各
領數百人從號曰淮軍軍既募到皖皖撫李勇烈公續宜名為
料選將知軍勝敗文正公使勇烈按視新軍還報曰皆勝軍
也吳平矣相國率兵至上海凡二十九月而吳平果於是淮軍增
為七萬人矣吳平文正公與相國定議盡散湘軍淮軍稍汰羸
弱留五萬人備中原捻患於是淮軍與而湘軍又屢未殺文正公率
淮軍討捻病辭相國代之是時捻分東西相國討之凡十月東捻平
又六月西捻亦平中原悉定是時中外大臣爭建議用淮軍衛
畿甸鎮撫南北各故用兵處討撫時軍頗增益至是留者四
萬餘人及相國移督直隸撤兵北海淮軍屹為中國重鎮天
下有事取兵於相國相國輒分遣淮軍若干劉公銘傳率

之至秦隴征叛回沈文肅保楨又與劉公先後平之渡海至
臺灣禦倭禦法蘭西潘公鼎新平之與廣西關外戰法人
於越南張靖達公樹聲兄弟平之北伐山西邊徼南防海粵
東吳武壯公長慶平之東過渤海定朝鮮內亂今湖南吳中丞
大澂平之北略吉林黑龍江周剛敏公盛波武壯公盛傳兄弟
更迭隨相國天津屯戍海上而天津又向遣偏師平朝陽之盜
淮軍旗鼓獨行中國者垂三十年始相國起湘軍所用皆湘
軍法制及至上海見外國兵械精整過吾軍甚遠於是盡
棄湘軍舊械不用一一外國器械法勤習軍之風不留行而戰
而士氣常振舊者以器利而傷亡者亦過盡兵之氣至是又一變
之矣夫兵未有已也兵者無窮之事而兵事已而又新新而不窮而大要

帰于去而不勝以後而勝是故八旗之戰也以弓馬勝湘軍起南方与賊爭長江之險其戰也以水師勝而淮軍則以外國軍械勝外國兵械中國盜賊所未有也用兵之道我能是彼不能是則我勝我能是彼亦能是則彼我處勝處不勝若彼能是而我乃不能是則我處於必不勝今環海萬國強弱相剗長短相形莫不以攻堅俘危凡戰守之器法相耀其智巧之士瞑目而思閉門而造其日興月盛而歲不同其國家之於兵蓋飾備物致用扞禦攻取之策亦多變而未有紀極而我中國之議論乃至今狀質不知彼己欲以往舊朽鈍之器已廢不用之法枝梧其間是肉与刀競勝植木禦斧持簿篇當彊弩也一旦有事乃駭周章四顧束手而無如何甚乃泥其以發憤改悔而思啟

以補救之而虧敗之數已敘于前矣庸有及乎斯國論之一蔽也

桐國之治軍也舍事而臨大敵自中原大定以來三十年閒閒

外國有一器新出一法新變未有不探求而寫放之以教練時

卒故能軍至今日視三十年前用兵之時其所用外國器法更

屢變不一變而亡一彈一鏃之龍鬚乎其故設局以討其制之學校

其理日習月試以鉤究其用只求其為不逮餘力知矣頑抗以

中外之儀論未盡同聲光氣化製作之本原未盡所財力

未從學校未廣人材未出無以拯創物之術無通微合漠

之致西域之議吾國所為以不能生新為歉也而吾乃且規之

為頭已守常之為務斯不無遠乎易曰功業見乎變又曰日

新之謂盛德自古任事之臣所以不肯牽于庸人之論而必

自盡其才，爲國家開物成務，其爲此也。昭忠之祠始設，以將帥之任推轂。廟堂故特建祠京師。嘉慶中兵有公募，時詔外省立祠。湘軍屢躓屢起，死事至多，則所在奏立昭忠祠祀之。淮軍以累利少挫衄也，將士戰死者往往不絕，成軍數十年，積勞病故者又前後踵屬也。舊惟江蘇有祠以祀平吳戰死之士。近年立祠直隸，以祀北征以來將士，而合肥則淮軍本所自起，祀典不可缺也。今奏立昭忠祠巢湖睢上，祠成，相國以命汝綸曰：宜有記。汝綸則取國家兵制之變及淮軍所以制勝者論之，俾後之謀國是者有考焉。

左文襄公神道碑

贈太傅二等恪靖侯大學士謚文襄左公者，湖南湘陰人也。諱宗棠，字季高。曾祖某某官，祖某某官，父某某官，三世皆以公貴贈如公官。公少有大志，使氣，喜為壯語驚衆。年廿一，與兄宗植并舉於鄉，試禮部不第，遂絕意仕進，究心輿地兵法，討論國聞，名在公卿間。嘗道光時英吉利構禍，公已深恨國兵之不競，嘗事之洪涊恆，性頑不肯為出[illegible]，年且卅，頑謂所親曰：非夢得賢求殆無事矣。會廣西盜起，旋佐湖南幕。在幕府以諸葛亮自比，與人書輒戲自署為亮，人亦以亮歸之。麾兵西援，尤以策應曾文正一事為己任，常回曾公辨賊之人不可不赴其急胡文忠在鄂屢謀勸公出助而文正曰湖南吾根本不可無左公鎮安無動是時公名日盛文宗屢已待公知編修郭嵩燾籍湘陰召問嵩燾識左某乎何久不出也已又問年幾何矣對曰四十七矣上曰過此精力且衰當及時為吾出辦賊汝其為吾告左某滿吾意於是駱文忠聞之喜甚倚得負求時已矣會有為蜚語上聞者文宗察其誣而下詔曾公謀所以用公者於是命以四品京堂從曾公治軍已而蜀事急又命公治軍入蜀公曰蜀緩吴急吾當從曾公乃以五千人東助曾公初曾公創立軍號曰湘軍湘軍制四哨為營營凡五百人諸軍遵用

之獨王壯武公鑫不用別爲營劉公所募五千人參用壯武法有營有旗旗凡三百廿餘人不称湘軍別號爲楚軍楚之軍名由此起公從軍而東胡文忠爲書告湖南曰左公不顧家請歲籌三百六十金以贍其私而曾公見公所居幕隘小爲別製之幕贻公且寄詩以公爲幫辦率師援浙　上命曾公節制浙江曾公因譏薦公督辦浙軍杭州陷薦公爲浙江巡撫已進圍浙從將似畫迴援浙李平經復謝巡撫事入閩視師公起湖南幕府提五千人出屬曾公軍轉戰江西皖南入浙江遂復杭州翦羣醜拔枝以助成金陵之功也浙閩四封清夷卒殲窮寇於嘉應使粵盜而天之禍根株鏟絕蓋金陵

之功於是始竟也先是曾公謀取金陵以今相國合肥李公為北軍出淮陽以公為南軍出皖南其後李公自上海取蘇州公自徽婺取浙而金陵平如其初議　上嘉二功封一等恪靖伯移督陝甘授　欽差大臣督辦陝甘軍務與李公屬事平捻逆張總愚加太子太保關內肅清補協辦大學士西陲底定進封二等侯自公始出領軍至是在軍中十有八年始曾文正公以大學士封一等毅勇侯公本以異數由舉人入相至是亦以大學士封二等恪靖侯湖南先後兩侯相世以為榮自英人搆禍後外國既數〻生釁俄羅斯乃安坐割地而方內叛者迭起粵盜既剷次者捻逆次者回公皆手芟薙之收其成功

西塞外平回　朝廷尤旌寵焉塞外回其酋曰帕夏本安集延部之和碩伯克也安集延故屬敖罕敖罕為俄羅斯所滅安集延獨存帕夏畏俄逼闌入邊據喀什噶爾稍蠶食南八城又攻敗烏魯木齊所號回并有北路諸城收其賦入及陝回白彥虎被剿竄處烏城皆屬帕夏帕夏既屬役回眾通使結援英俄購西國兵械自備英人陰助之欲令別立為國用扞蔽俄　今上初公既平關隴西海防議起論者多言自高宗定新疆歲糜帑數百萬此漏卮也今乃竭天下力贍西軍無以待不虞尤失計宜徇英人議許帕夏自立為國稱藩罷西征專力防海公曰關隴新平不及

時規還國家舊所沒地而割棄使別為國先生尚遺
患萬一帕夏不能有不西為英併即北折而入俄耳吾
土地生綿邊要害盡失防邊兵不可減糜餉自多無
益海防而控國威長亂此必不可當是時文襄公之謀為
國獨善公議遂決策出塞不疑兵既克烏城進剿
路帕夏眾叛抗拒傳道死二子爭立內亂君羣西解體兵
已受城而帕夏長子內立者帕克胡里與白彥虎諸逆
延入俄兵不血刃而塞外平新疆復矣公用兵規遠
勢防後路尤善審機隨賊勢變遷不常其方
略籌事尤以節兵裕餉為本謀運糈西征慮餉由之行
若協撥不能如期約請一借貸於外國商賈人得成

數濟軍令各行省閱分償子存許之乃決策出塞會滇中殺英人馬嘉理海防戒嚴餉匱公議借外國債千萬兩十年分償沈文肅公尼其說詔曰左宗以西事自任國家何惜千萬金為撥款五百萬勅旨借外國債五百萬出塞凡廿月而新疆南北城盡復胥賴餉饋給之力也公初議西事主興屯田聞者迂之及觀公奏論國內外舊屯之弊以謂挂名兵籍不得更事農宜盡兵農為二簡精壯為兵散羸弱使屯墾然後人服公老謀以為不易及國家承平久武備弛不振而海外諸國近百年來日出其新數之氣化光電之學用之治兵制器爭以武節相傚神怪捷出無窮

益新雖中國屢平大難彼狃私以爲脆弱也及公平帕夏外國頗稍稍傳說公而公與曾公等自強治軍時所欲稍取外國長技用自輔益公尤不耐久忍詢破內憂未已耳方平行且事外務欲一振拔抗國家威棱先是俄人乘回亂入據伊犁城公既恢復新疆國家因遣使赴俄議交收伊犁議久不決有詔備邊公以席屢勝之威親出塞至哈密整軍待發頃之召公入備顧問久而伊犁還俄事定遂令入值軍機兼值譯署居數月引疾乞退命督江南法人攻越搆自陸往滇越督師撫好吏王德榜募軍永州號曰恪靖定邊軍法人議和召公再入值軍

械送人內犯。詔公視師福建，撫王壯武公子詩正潛
軍渡臺灣，號曰恪靖援臺軍。詩正已臺南，為法兵
所阻。而德榜會諸軍破法兵於諒山，和議成，自引疾乞
退。以其年七月癸亥薨於福州，年七十三。明年歸葬於
善化之某里某原。公性剛，行峻，不為世諱，少撝謙，當時
與曾公胡公交氣陵之，公出其上，二公皆絕重公，公每語
人曰：曾胡知我不盡。二人者相與會語，公輒題目二公，
撰語自贊，務壓二公。用相嘲謔，又嘗言當今善章奏
者三人：我第一，郭次之，謂二公也。公與曾公內相傾服，已趣
會時合時不合。既出治軍，多騷之間矣。及金陵平，又
從是非不合，從曾公意氣。公西征，走肅州，問々致見謝

國史稱人所長不如曾文正也中興諸將帥大半曾文正所
薦起雖貴皆尊事曾文正獨與抗行不可貶屈嚴
後與曾文正相埒俱以功名終曾文正議外交常持
和節文正鋒穎凜凜向敵士論以此益埒頗志事未竟
初平粵盜即建議左福州設船廠購機器募外
國人造船設求是堂其中教子弟習外國語言文字
算數測繪諸務陝甘且行奏延沈文肅公主船政西
事既定左蘭州設織呢局購開河機器治涇水上游左
江南議購船礮防海視師福州又請增製船礮云
精吏事所至恤民興學理財治水利開浙裁兵加餉又（尤[illegible]禮賢者備[illegible]材用之[illegible]兇）
扞指援用為法而於[illegible]製造船礮防海視師福州又請也

其志也公娶周夫人先公卒側室張氏子四人孝咸舉人
以盛為主事先公卒孝寬郎中孝勤兵
部武選司主事孝同候選道員孫十人曾孫念謹
保齡通政司副使曾孫五人公之偏房亦與孝同遂孝同以
公墓碑見屬乃為銘曰
維清有家襲聖其庭左亂而撥轍競有人究宗築
颿疾振曹公誰其代與公功與朋吉夏日穆世盜羣
樹連脫盡具已武盡於邊動者言勁賊相亦欲剝公曰
吾如棄州不可飛發雷擊吾封有壘圍功則藏之志
未懂彼救吾瀕吾嬌不慕忍此敦槃死媿在額難鏡
馬知公之功世為公功公志我得為侍而嬌扶公自依偽

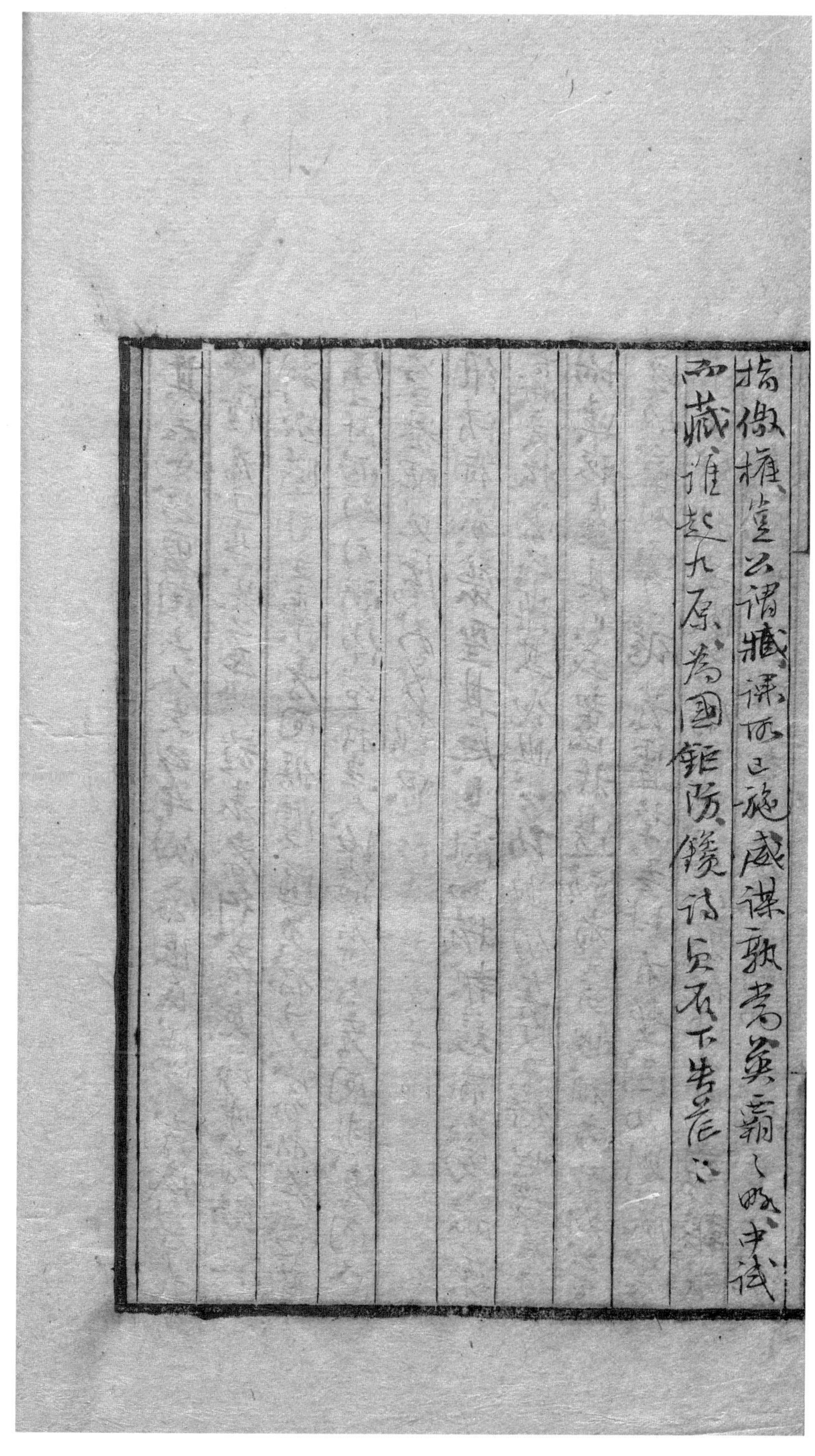

指徼権篁云謂臧課所已施咸謀孰為英霸之略中識
而藏雉起九原為國鉅防鏤詩立石下告茫之

程忠烈公神道碑

咸豐十一年冬，上海人間道至皖乞師於曾文正公。當是時，江蘇全境淪陷，獨上海一縣藉外國兵助守，勢岌業不自保。文正疏薦今合肥李相國用道員往署江蘇巡撫援上海。李相國既募淮士五千人，遂請於文正公，願得參將程某自助，文正許之。程公諱學啟，字方忠，安徽桐城人。始從賊中自拔，歸曾忠襄軍。忠襄克安慶，公功爲多。忠襄進規金陵，且倚公辦賊，公亦自誓滅賊以報國家。及李公募軍東行，忠襄亦選湘將募軍。文正知忠襄惜留公不欲予與人也，貽書忠襄曰：吾督江南且二載，無一兵達江蘇，李君新軍遠涉，不可不資以健將。於是竟以公與李公。李公新軍號淮軍，公本以隸曾公，爲湘軍之淑行

子正令公軍改湘為淮公曰吾九帥命不敢子正欲異何為不信
李九帥者忠襄也公以參將隨李公東援同治元年三月軍至
上海是時江蘇兵尚五六萬不能戰戰輒敗與賊張故賴英法外
國兵代復嘉定松江已又棄嘉定不守李公軍新至尚勤習
軍陣外國將趣新軍疾戰新軍將多未嘗大敵獨公所領千餘
人為勁旅李公檄公屯虹橋不盡言戰也公行至漕河涇卒與賊遇
賊之道據虹橋明日賊大至又破之追至七里堡大破之從李公進
攻泗涇鏖戰三日解松江之圍進擢副將與美將華爾會克青
浦還援北新涇馳入壘與守將并力擊賊卻之移守嘉定以總
兵記名尚放賊圍四江口從李公救之衝圍裏創力戰卻敵加提
督銜公起虹橋至四江口連三大捷皆用少擊眾李公於是壯公

軍至三千人偕進規蘇州道太倉太倉賊乞降察其詐許之
嚴陳以待與英將弋登會克太倉進攻崑山告李公曰崑山三面阻
水一面陸走蘇州先據其陸斷蘇崑要脊賊必胆落從其計克
之補南贛鎮總兵記名提督先是太倉既克李公令公總領諸
軍々將人々異言及見公臨敵指揮則皆大服諸軍統領軍中
號之曰統領公既總理諸軍李公令軍中別稱公為統帶以旌異
之是時前江蘇巡撫薛煥の觀　太白臨朝同程統帶狀貌
魁偉良久而外國將初侮至軍及是弋登向崑山欲書李公
稱公有大略足自制賊不煩外國兵佐助公亦感稱弋登智勇
實中國諸將莫能及也蘇州城大而堅四面阻水自盤門至婁門
賊築長城十餘里長城圜內穴地為石壘以避礮外憑水為固公自

崑山進攻蘇州，連拔花江、同里，下吳江、震澤、太湖、洞庭山賊壘，抵盡。江西軍破嘉定援賊，自寶帶橋直入，遂碎其長城。先是，劇賊李秀成守蘇州，及是急援金陵，留死黨譚紹洸據蘇州，守僞長城。及破，賊將郜雲官、汪有為等洶懼，介副將鄭國魁乞降。國魁者，雲官舊識也。公與國魁單騎會雲官，約以斬獻紹洸頭為信。已約攻城益急。紹洸召雲官、有為等乘城，有為突起拔佩刀刺殺紹洸，賊衆擾亂，擊殺數十百人，夜開各門降。黎旦，雲官等持紹洸頭來獻。公入城鎮撫。是時城賊尚二十餘萬，降酋八人，請署為二十營，八人分領之，據蘇城之半，多官軍，自踞半城助守。公陽許諾，詒雲官等旦日出謁，伏捍邀還軍，密白李公，請誅八人，毋以定亂。是時常州、嘉興皆未復李公愕然曰：殺已降不祥，且令常嘉聞風而守，是自樹敵，不可。公爭不能得，則脫所著冠擲李公曰：以此累公，某從此決矣。公曰：今賊衆二十餘萬，多吾軍數倍，徒以戰敗畏死乞降，其心故未服也。公釋首惡不殺，使其將數萬人麇軍給大四萬餘與吾軍分城而處，寔左肘腋之虞，無遠慮矣。拂衣徑去。李公急起挽之曰：徐之，今吾聽子何如？公曰：苟見聽，請一依某指揮。明日李公邀公裨將營，令降八王出城，屏騶騎上謁，李公勞苦良久，給數總兵副將冠服有差，留宴軍中。且去，曰：吾屬有公事當去，吾令此裨將代吾為主人觴子等。八人既謁退，李公入就坐。坐定，酒三巡，伏甲起，八人驚愕相鬥皆死。先是公甚陳于城，及八人首至，諭衆曰：八人反側已伏誅，餘人不問。遂竟登樓殺二

千人而定降眾二十萬分別遣留皆安堵帖服無事蘇州平
當是時鄭國魁怨公刺骨以謂公賣友而外國法尤以殺降為大
禁戈登至欲勒兵攻公捕問逾時乃解而卒以公左驗謂蘇州殺
八降時獨李公明決從斷大事也自軍到滬上至平蘇州凡十
八月蘇州既平軍威益振乘勝援浙江拔平湖海鹽嘉善遂
薄嘉興嘉興固城守不下官軍驟勝且驕於是公陳斬臨陣
逗撓者守備姜寶勝以徇士皆股栗用命攻嘉興匝月城破
矣賊輒拋堞後完公募死士登城四登四卻憤甚突出奮身
先登飛彈貫股踣復起部將繼登竟克嘉興奏入天子
曰程某創甚其加意醫治已而以瘍卒諸軍將士皆慟哭
失聲遠近士民俱泣相弔同治三年三月也得年三十歲

事聞，追贈太子太保，予謚忠烈，遣官弔祭有加。觀公之將紀
律精嚴，名機捷，朱隱陽園，閑晃紳眩駴，大小百餘戰，未
嘗敗衄，賊望公旗輒走。自到上海，見外國兵械利猛，深研
潛討，一變中國舊法，師彼長技。淮軍用西域鎗炮，自公倡始。
李公以外國將騎塞難制，取敢獨令公挾以攻戰，起太倉，迄
蘇州，與戈登多推互服。殺八降將，議論中乖。及向公死，戈登
乃獨流涕，欲借從李公求得公戰時大旗二，攜歸英國，以為
表記。若建業在金陵，閩公戰比有功，保惜公軍去己，多公亦
將嘗語吾湘鄉曾某一名將，吾愧弗及，據公之還
公亦哲乎。吳公還軍助忠襄，答公已遠，不得還，竟費志
以殁。公殁三十年，中國與日本戰，諸將失利，李公匡兵欲惜息

曰程功中丞，左存厚勅敵為共遺烈，在人以此為祖元中祖引義，考大琳，三世皆以公貴，贈如公官；妣皆贈夫人。前夫人高氏生一子，與公同陷賊中，公自拔來歸，夫人與子皆遇害。夫人之父殁，後以季女與公為繼室。繼夫人高氏，後公九年以同治十一年卒，年三十八。子一，以弟子建勳為子，以前後累得世襲，併為三等男，既冠，引見，用員外郎。某年某月葬公某所，二高夫人附。建勳以墓碑屬，汝綸乃為之銘曰：

運也不及，將人所持。大盜據江東，厥虎據海壖，斥土偕人息。嗚李公東討，旌旗蔽空，偏公提一旅，單進深阻，刺賊胸脅，伎解身首。挈吳會壤，復還蘇杭。江東事已，藏熱厚土。論功中興，詳將未有。在公猶小，大業未觀。絕城萬里，懸隔自在東，耀厥列械器

是寶我寫而放如魚脱籔試之三絶永勗我旅追元湖和伊公

本擬得粗畫以微漠不討持心知寫持失負所仗公不死國孰

我何曷不懋遺藏茲功緒

皇清晉贈通奉大夫榮成孫府君神道碑銘

吾友榮成孫葆田將葬其考通奉府君於濰縣草廟之阡先事走保定以所為事狀授汝綸徵銘會汝綸有弟之喪未及為而失其狀逾年更寫狀以來貽書曰葆田始聞吾子名自武昌張先生張先生與先人為兄弟交葆田獲從游先人之沒也銘於張先生未及為而張先生卒惟先人也蹇抑塞於生前必求光顯於後將吾子是賴汝綸讀其狀曰府君諱福海字鏡寰世為榮成人祖如維考苑翔皆縣學生省贈通奉大夫府君少有文譽為諸生屢試不得意即棄去改用宛平籍入宛平學舉道光二十三年順天鄉試久不第咸豐三年以知縣揀發湖北始還籍榮成為榮成人是時洪秀

全反湖北列城多失陷九月賊犯武昌府君縋城出迎餽中丞以便宜發練卒擒賊百餘人歸分守東南門總督吳文節公夜巡城天寒見府君衣裘薄鮮所服狐裘以贈圍解文節將上其功會殉節黄州不果上是後湖北先後大吏如胡文忠公新繁嚴公曾忠襄公皆倚視府君歷署隨穀城漢川天門漢陽鍾祥蘄興國諸州縣事所至有名績以卒不補官累加運同銜升用同知賞戴藍翎換花翎俟補同知後以知府用然未實升一級在穀城百姓立碑頌德以賊入界奪職以漢川禦賊力復官在天門三年天門人為立生祠時方用兵東征財用急以歲歉催徵逋賦不力奪職以穆宗登極恩復官府君居官持廉不有其官一錢於進取

泊如也再葺藏書屏居天門郭外築小樓樓上其閒命曰亦愛樓為文以記脩然自得色不加戚既復官署漢陽事色不加喜於民生利病興廢若禍福在己不勇趋避不肯即安先是在天門修鍾祥漢水隄幾萬丈民賴之及在漢陽又築漢口堡砦長千九百餘丈民又賴之大府亦習知府君能稱之獨困矣去漢陽未幾遂署鍾祥漢陽鍾祥皆附郭名縣也會任桂賴文光等率黨自豫入鄂躪黄安雲夢等縣陷天門分軍犯安陸府君與知府覺羅回勳登陴守禦凡五十餘日先後儲備兵械糇糧薪炬之屬犒賜之費累鉅萬金由是逋負以萬數會援軍並集圍始解先是府君宦湖北十四年不將家到官任鍾祥夫人始率子婦盡室以來城圍

方急知府謂府君吾等妻孥在圍城中亂人意奈何府君民室家盡入賊城就係某已戌家無敢去知府然之明歲鍾祥大水府君完隄振災鍾祥人又立石紀績然自是迄府君之終鍾祥逋負竟不能償所遇多阻抑矣嘗一再署蘄興國二州然無益也已而遂以疾卒年六十七光緒元年十二月四日也府君先後歷八邑當官直道正行人亦無忤雖困約不言貧膺爵（稱）處患難不能其道必能知命之士習吏事條理秩秩嘗上書胡文忠論天門錢漕積弊文忠從其議斷獄明爭決在藻（漢）陽有某總兵使奴客賈漢口奴客姦利置石篋中告送旅主人竊篋金計贓鉅萬府君驗篋石能漢口物一訊即服其平決疑滯多此類其他服官行蹟葆田兄弟

隨侍日淺不盡知狀述其耳目所逮聞見具如此武昌張先
生者鄂之賢人也名裕釗字廉卿曾文正公高其學行嘗
屬以先生以韓孟雲龍為比先生之賢在道比文章其在
眾若無倫然文正嘗薦之胡文忠文忠客禮之文忠公薨先
生不容於鄂文正聘至金陵竟文正薨留金陵不去繼文正
治江南者多賢帥左文襄沈文肅其尤也然於先生皆不
能有加禮眾人之而已後去江南至保定依合肥李相公老而歸
鄂之帥又賢也而先生竟以無所合轉徙襄陽流落關中
以死蓋賢之難容於世也如此君在鍾祥延先生至官舍尊
事之為上客遣子葆田從先生游葆田以此有名於世其識足
以知賢心又能篤好之近今未有倫比也世所稱賢者智名耳

勇功耳。智名勇功之實，接迹於天下，而天下卒以不理者，無道法文章不足持世變故也。有其人如張先生其人，又以謫謫無能息棄之，至無識足以知賢，又心能篤好之如君者，賢故未易得也。是故君之吏能在當世為至高，而識者尤多君知賢能得士，以為不易及。謂君惟能禮賢士，故在所有名績，没齒恨君位不充其能，為可惜也。君子四人，長曰葆源，附貢生，江蘇知縣；次即葆田，進士，由刑部主事出為宿松知縣，既引退，大臣多薦其賢。

天子降詔褒其篤行，加五品卿銜；次叔謙，舉人，祥符知縣；次季咸，選拔貢生。葆源、季咸皆早卒。孫男三人。君始援

朝議大夫，以葆田官刑部，遇覃恩加四級，贈中憲大夫，以叔

譲加三品銜贈通議大夫叔譲又輸財助饟晉贈君為通奉
大夫君凡再娶前夫人王氏早卒事不大傳後夫人于氏在家
能配君之義在官能成君之化自蔭田以下皆夫人出君之葬
也兩夫人之喪皆祔焉汝綸既慕君名績又嘉君能得當代
賢人乃不辭而為銘之曰
猗嗟君儒起家吏及八城祇大蘇世棄賢澈從此為君
得性命俱治亟涵宜蒙嘉垂翼飛施不遐家兩子分
遺餘昆弟聲高弟續負來不有後之奢摭功術告元然

保定曾文正公祠堂碑

上之元年保定薦紳之士四十有九人聚某曰曾文正來
鎮吾邦遺德在人今天下皆立公祠保定獨無有無以

寄吾民之思宜請立祠以永大惠語潮王可既而閣十有一年土不克興大學士揔督李公適以白金二千畀今正定知府陳君慶滋使庀材營構恩公出頗以貲繼於是成前堂正室以妥靈薦職方續規其後陣宇為燕饗之堂中作兩廡後六年署津海關道李君興銳又以白金二千屬記名提督獨石口協副將陳君飛熊卒成前功恩公出又以貲繼於是以堂既成財用有餘又新其前所成重室更易撓折飾治隳剝猶有餘財又別為屋若干間收其屋食以給歲事是年冬十月功竣竣已竣行事祠下文武吏士在位列者耆老大夫之退休於居者賓校之逮事公而耆艾士者咸會於庭相揖並進皆曰昔公膺受畺寄

保定曾文正公祠堂碑

南則江南，北則畿輔。公於江南親揃戮蛇豕蕩滌巢窟再造土壤還之太平與民更始功亦偉矣而前無因襲憑公自為闢之猶操利刃割濡塗也至於畿輔則不然密邇京輦事取中制憲度久故甚設窳民吏惰偷敝極不還公又為政日淺歛抑勇智投合故途凡所經畫舉率重吏常職無奇績異狀獨其精誠纍積貫洞纖事往神在庳用回易耗視聽然大變掃因循之習潤維新之化當時觀法公頌治身殁數千年餘教不沫中材已下不知所以致之其視江南難易縣遠而江南自公即世首頌

諸建祠以魁塞民望名都大城劝率祠祀畿輔獨天津有祠保定首善公故治所而物力艱絀屢為虜輟被澤淵大會不副施然

且窮歲累年，未能逾舊。距公薨二十有一載，卒訖功役，由公功德湛漸，彌久益著，思公之心，人不自已，是用卒底於有成，不可以不記也。於是衆以命汝綸，汝綸則原本邦人思公之惜，謹識其作之始末，使鑱之石，以流示後之君子。已又爲之詩曰：

巖巖邦畿，四方是儀。四方奚儀，曾公寔來。昔公未來，吏積不畏。公既莅止，厥治蒸蒸。昔公未來，吾屈而辱。公既莅止，勁旅如雲。昔公未來，士不知孝。公既莅止，乃磨乃濯。昔公未來，民無復禱。公既莅止，婦織子書。紳民維士，維吾維吏。辟病且瘥，乃公並起。凡公之施，人亦睨爲。時則陶鑄，一世之才，才既成，其旅逾遠。八區一風，自我而轉。風則轉矣，施則藏矣，歸公于兩，旂翩戾矣。公行去汝

嗟汝無辜苦，公歸平泉，餓公汝哺，公南南可，死訓卿我，死
今二紀，公惠猶姑，姑雖則猶姑，公身往矣，我思曷已，百世其
祀。

翁大家墓碣銘

大家宛平翁氏，年廿五嫁桐城諸生吳恩先，爲繼室，嫁一月而
寡，依母兄以居，凡廿年，依姊黄太宜人，凡廿五年，居姊喪三年，依恩
先宗人汝綸十年。年八十三而卒。大家父諱霖，國子生；恩先父諱
雨梅，江西新淦知縣；姑大家兄廷緒，由翰林院庶吉士散館爲
江西武寧知縣，死粵寇未已。洎其學京師，挈幼子及大家
以行，筐篋細碎一倚辦大家。已而病，則家私事大小悉取大家
可否。先沒，家不貲，甚大家力爲經紀，挈持孤遺，水陸四千里

歸骨先兆後遂依姊氏久之姊子煐奎補官長蘆石碑場鹽課大使隨姊之官嘗至天津汝綸請歸老夫家曰吾不忍去吾姊之卒三年始依汝綸性摯識明辭令嫻雅年逾八十猶勤女紅刺繡文工甚得其寶藏之有得繡絹尺許以一幅裹其兄官武寧時所挈幼子立佳從 先君子受李氏前以進士立佳幼時十三經文選皆大家傳業 先君子歸自武寧時之於家汝綸兄弟稱大家汝綸迎養大家猶 先君子志也初大家歸夫骨安徽族人以前室祔葬及疾作顧言曰葬吾父母墓傍姊子煐奎送吾喪皆如其言大家嘗立後子曰敦駿已而殤遂無後其卒以光緒廿四年正月在保定其葬以是年八月在京

師東郊十里亮馬橋父母墓南百步汝綸與兄子立法姊子煐奎臨穴視窆既窆汝綸為銘之曰是謂閨中一女丈夫過此下車居此毋壞蘇從父母兆永奠厥居

廣昌縣城隍神廟碑

邑子鍾念慈為廣昌三年政和歲豐乃與邑父老賢儁謀葺城隍神祠而新之以都司袁占魁督其役凡六閱月畢工用錢三百萬人哀其贏餘購地徵租以持其敝既成以書告汝綸求文為記汝綸乃為禱祠報塞樂歌貽之俾刻石以教肄侲子其辭曰侐侐兮朱甍甍甍兮肅肅兮同風絜齋族兮煇光雲犀遲兮未

渠降繁會兮簫鼓，酒盈樽兮肉在俎，飛龍翩兮其來下

朱衣兮中央，曹掾侍兮雁鶩行，傳爰書兮稽直，檐將訟

理兮階之側。山沈淪兮為淵，水填泐兮成田，恭終古兮煩冤

靈安使兮盡閉，憤不舒兮可奈何，願靈保兮有以繼畫

兮亂河，祖規兮孫遵，隨不騫兮不虧，忽百秩兮千怪，紛競

進兮潛噬，目睒睗兮馬求，猨猊陸呪兮鱷鯢，川游雄雌兮

首尾中亢立兮，鋒戟遶肝心兮上訴，冀吾靈兮一瞬彈壓

四瀆兮組絕綱，振威棱兮射天狼，火山兮刀樹，血池兮膏鑊

豕不若此兮殲之，夏吾圖兮清夷，儻若爾兮神武，蒙靈

佑兮過不窩，旱無澇兮水不溢，毒出遠遯兮猛鳥他遁

擊靈鼓兮烹羔羊，歲時報祀兮罔有斁忘

陝西留壩廳同知陳君墓表　吳摯甫

留壩同知陳君既卒之二年，陝西巡撫上其績狀於

朝，有詔宣付史館。其兄大名知府、署保定知府

啟泰捧詔書以泣曰：吾弟章永大施，虽然顯於

朝，而晦於野，即後進何觀？宜屬知友文字表於墓道之

阡，用昭示來禩。遂以狀授汝綸，汝綸則為之銘曰：

君諱文徽廞，姓曰陳，勳庭其字，世長沙人。諸生從軍，

累官同知。饋餉征人，壹絕奸期。榷鹽白河，人曰利藪。

砥節礱職，官贏商阜。補官留壩，檄攝鄠縣。大開縣門，

哦誦經卷。民來訴訟，釋卷裁決。滯獄數百，兩月而絕。留

壩僻陋，介萬山中，西走隴蜀，綰轂其衝。民苦繁徭，吏

斂孔棘。貴貸子錢，佞稱取息，宜一洗蠲出錢假民，準物若衣子期贖歸，少取息錢，以充徭費，豪富失徭，亦辦治善。宜治民首乃富之，其富無方，惟士是宜。田少食轄，教民蠶桑，募師給種，董戒使成，紡織教之機杼，收緩債絲帛，使咸鼓舞。地力未盡，教之藝茶，茶絲并興，佚戒走華。國家柔遠開關，互市方外，瓌貨月以至，或益軍國，而害人身，腹乎利源，納之弱質。乎國之産，惟茶惟絲，攙雜濫惡，遠買不求，求乎苗種，换以西，遂自植其國，与我争利。即茶倭絲偏，行西域氈罽，加非流入乎國。厥弊曷由？乎自病之。利如坐撥人柄，使凡為吏盡若宜，不棄茶滿衍，利權自持，而

乎同重夫豈徵武最見吏孜異蹟定舊著紡茶之效
其尤著云值歲大飢飭民疏苦便宜發粟以活饑者携持米
錢假與下戶冒涉沮洳浸淫溽暑施粥近郊雜佀傭保舍
中均食日粥一盂自秋徂春流亡四歸官錢不足私財佐
之私財又匱繼以假貸既而撥振民走叩困有負私券至今有歎
嗣是終任一無饑歲民以絲茶用益饒矣有之始至民不知
學之附鳳縣入者鱗角有唱其教購書聘師進萬材生
而西迪之之而横舍學子萃之鳳縣學籍半留壩人大吏
上言專立學官留壩有學建始憚有山邑崎嶇盜所逋
逃巡由黨魁名捕其賞盜攝人不入輒捕獲嗣是終任一早
剋略武列盜弭文乃育才亟直富民文武具能留壩十年

官滿且還遮留不可泣繞行旗老幼扶將闔市溢巷祖餞未及還

以喪告輟耕罷市走哭拊棺或五晝夜踔九百里會喪長安

君歲在己控於大官請立祠堂載事於碑以永不忘臚陳治行上

之大史遂愛在民至於如此謂宜壽考顯於大遐年未五十天乎

命耶君積資勞以推知府授君告身朝議大夫君之卒年

光緒壬辰妻李繼梁氏封淑人存貿存吏君之二子卜葬某

原祔以前母狀君行者君兄啟泰御史出守聲聞中外

由曾及考以啟泰貴贈如其官每進益大哉袁君所涖詳伊概

賢君之思用式良吏

誥授武顯將軍總兵銜京城左營遊擊王公墓碑

公諱燮字寅臣順天甯河縣人曾祖剛節公錫朋安徽壽春鎮總兵道光廿一年殉定海之難卹廕騎都尉兼一雲騎尉傳襲至公父以難卹剛節公殉難歲在辛丑今公遇難歲在庚子十月十二日相距六十年而後公家仍世再殉國變為天數云祖承泗山西代州知州父楨早卒卒之時公年十一兩弟皆嬰孺母〔摯〕太夫人勵節鞠三子稍長學公學古為詩歌文辭年廿補縣學生屢以古學冠順天廿五屬府試士以貧故用監職出身不數年而弟皆成進士以久次補京城右營都司管永定汛事張勤果公曜一見奇之勤果巡撫山東將奏公自助辭以母老不往以勞遷左營遊擊加二品銜巡濆有績加總兵銜倉場侍郎論

薦公有文武才引見以參將升用庚子畿輔亂遇難死之以廿有四日京師陷　兩宮出狩久之大臣以公死事上聞照參將例賜卹公巡漕盡祛積弊隱民既畏愛之遊擊宅在東便門外通惠河南拳亂之民拆近畿鐵軌斷電線以為盡外國物也公出立馬郊原對衆言此　皇家物有敢截電線一寸者死衆民圜聽悚息自是他電竿盡圮獨東便一線巋然存壬寅夏以亂民為拳總紅帕首手刀連臂過市大群千人小群數百人奮戰旗漢官兵至焚殺尸多積衢巷五月廿五日公馳馬渡河出巡漕亂民抽刃圜視擁之數匝鼓噪讙譁揮刀亂斫俄頃間遂臨公已復舉公骸骨焚焉家人從灰土中拾得骨歸塟某所先人兆汝昉欽強賦刑部濤岳京師以治古文名學

文安章侍刑部刑部數貽余書稱公文也後余至京師公以所著文見示余于喜嘗藏其文一首行縢中与之往附事多与人意会已别不復見之公他兄弟多奇氣恐其難免于乱世頃公故坦夷當幸全及乱作而公竟惨死公之徒凍擊者故皆不復惡其禍不至予是酷是類有連累而嫉害之者假手于乱民以快其私憤而其意殊不在公也嗟夫今云余來京師公少弟東鄉君焯字某為余言公遇難所著文盡失但詩三卷在亂礫間余因以所藏文一首歸之嗟呼先宗之罪之痛于心也甚矣哉公妻某氏子某吏部请銘余不可以辞為銘之曰

唯慝德乱智禍丁公卿横死難鸞軒與及夫枉去矣鸞同根

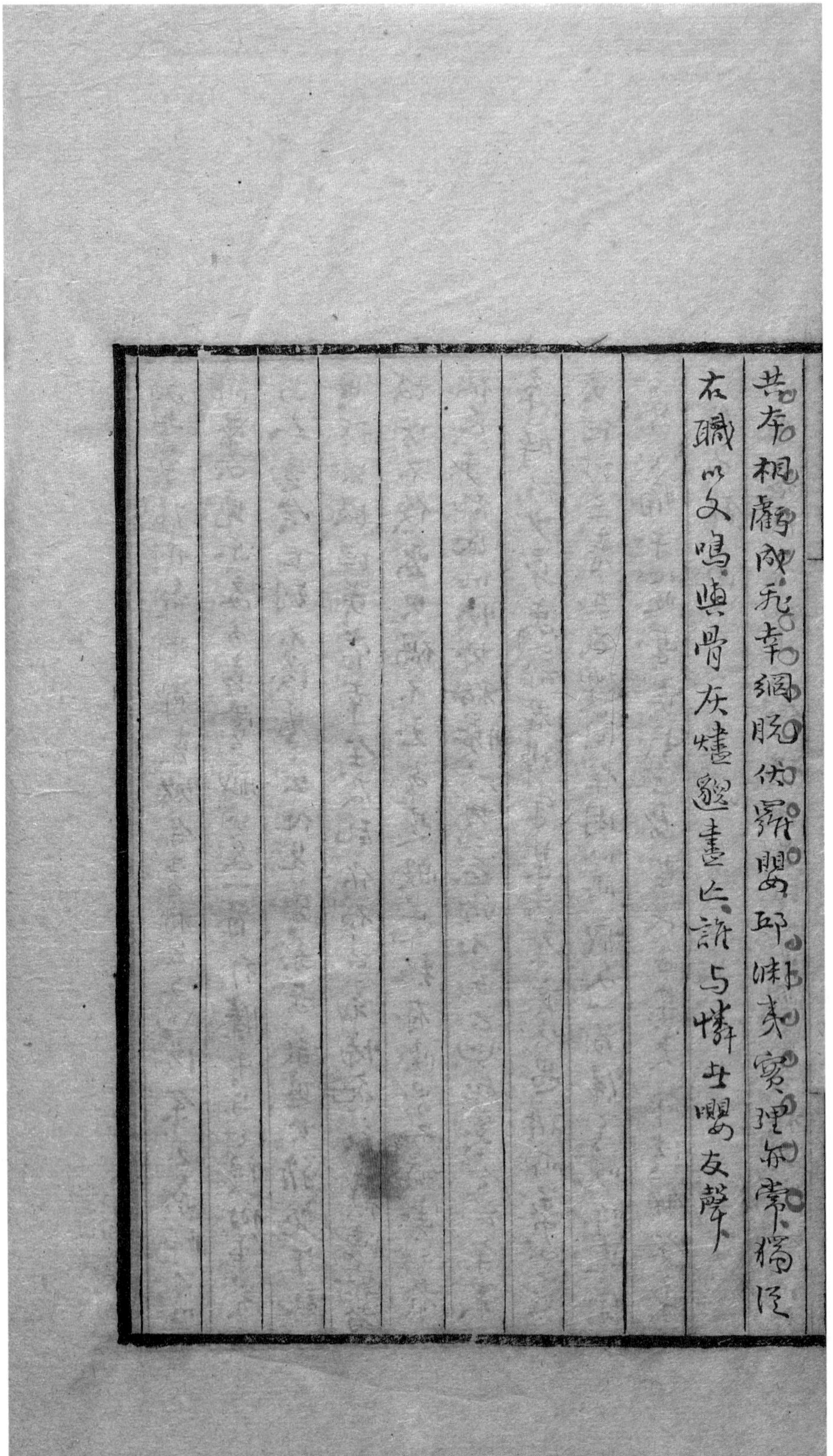

昔年桐鄉成元章綱睨伏羅嬰耶衕表實理尔常獨從

衣職以文鳴與骨灰燼總盡亡許与憐此嚶友聲

王斐安墓表

君少孤廢學學治生以資使兄弟學兄弟學既成立
為諸生有聲學官而君以一身生聚百口者餘五十年
躬行孝弟有餘財則施与居鄉里能避怨懵而治生益
精以力思慮縝密凡有營度利病毫芒剖析翔審
專其業者不能遠也善構造構造室門塾以穩計前
後累數百法皆自定樽櫨枅桷領領之屬先事高
功度用調筦既其合匠朽賦之役不失尺寸纍黍尤善
為田之高下燥溼瘠沃時其稼種所宜而進退增損之
每歲初行視原野歸則誥誡田者某所宜麥某所稷
某所宜菽宜麻宜薯蕷吉貝穀某種宜植某種宜雜如其

教則熟不則多稃不入雖沮洳澤國鹵不易治之田君一相度審所宜樹無不倍收其精如此蓋古者治生之學作室稽田二端要矣周初尤矜重之後世以爲勞又賤棄不習之此者大抵蠢愚稚魯無閱識之民先後輩口相傳以故法二三千年未不聞有變往式開新刱者近代民居千室一法耳今吾喜與西國人往來見其室圖百數十法隨所擇用之不類之故常也就其法之不易者則以求爲重皇而屋室其下以謂地之氣能毀損人家物其高以足計者大率五六尺是故空其下使之氣之旁出不以及人而門牖之啟閉有機焉以取散光熱出納炭養人居其中便體調疾此化學養生者事也中國之儉簡者於

或非者之至為田則用機器代人畜以耕一器之用廿於人之功而四五於牛馬且其說曰凡地之質其分為十四之氣十金揉而和之以孕萬有偏勝焉偏絕焉則生意不蕃草木穀蔬之類與地相得也則宜反也則不糞田之物類諦視其質之贏乏少者而擇補焉譬之醫然贏不補補不贏病皆不起糞穀地參相得矣又益之以電學則其收必五於其故凡其為學至深邃微密大率類此蓋農本富之至計未宜以其異國而閑視之也今國家方議變法變法莫急於治生根此未易服平若也不開西學而取歸獨治之法則天下之傳也假有君州郡西國鑑之治田之術於以倡導閭左研究條行之其於尊主隆本豈

小補也。凱君嘗聞儀徵學，以君之能視世之好惡之術以求選舉，捨殘遺，流於藝，以術爲書筆者，其得失何如也。君諱某，字興安，安平吳氏。嘗以識議振吳氏吾黨。西貢生，加五品銜，卒於光緒甲午十月十日，年七十有三。祖炳翼，祖父丹公，諸慶度，世以儒爲業。君娶王氏，繼吳氏、趙氏。男四人：海頤、海恒、海悟，生均諸副榜貢生。其孫三人，曾孫三人。海恒均先沒。從集問學，君之葬也，海恒狀君行徵文，乃叙論其引教於世者，使歸而揭之諸吳氏之阡。

武安縣孫君墓誌銘

君少孤事母孝善居喪喪母十餘年未葬不宦不娶持喪服不變陳設几筵朝夕上食如新喪終其身一不易始遠喪在官所迎祥禫不能歸終日麻衰弁絰坐草土哭泣鄧氏手持掇肩尊酒獻殯宮泣拜受以粟子迓薪蔬未餉則敬義圍請卬不可卒委委竟去如是者蓋數年而後歸歸之不克葬殯喪於所居寢處不離次客至入拜殯則加敬焉承異寵退躡跽造門泥首謝之內無婦人有妻早卒母為續聘張氏女未及娶母卒未葬遂不娶女久久張女亦無情頗間往為縫紉有疾為問醫求藥視如姑姊妹姊妹迭迭縫不娶其

營葬且十年。蓋桐城人喜相宫宅地形，葬親亦不得善地，輒留喪待不葬。君先世留不葬者凡七喪。君畢傳之，但幼親葬畢，不幸姻舉葬甚者不從。存母命及資分願代桐墓説，以地下不吉即棄去，用此十餘年不葬之，大餘年不娶，不釋服從仕，竟持喪以卒，時年五十五。君桐城孫氏，諱慧基，字積甫。大父起端，以二甲第一名入翰林，終某官。父某，安某，卒。君同治甲子舉人，戊辰進士，改庶吉士，以母老求歸。散館，自取墨濡污試卷，得知縣，選河南武安。為政有惠愛。縣宅後園有閣，道抵北城，瞰則從城上經，低焉，為戲娛母。光緒二年旱（旱），饑，君為募從富家貸粟賑貧民，父曰：知縣孫某貸粟若干石，加縣印其上給出粟。著袁文勤公葆恒奉命辦賑，過我州，面叙君賢，且曰將為之，吾為君任其咎也，是道負錢萬不能償。及遭袁文勤公死矣，河南大府持其事，累年用此不能扶袁歸，留滯宦所，久乃解。君本係族出于姜姓，紀君而兼我患矣。君據袁及君父君母某君所聘夫人張氏來，年袁遂持服，不至為君立後子，將合將於君。君子夫人亦貞烈也，物凡無儒，醵若干金買田供君祭祀。君之門絕後立後，海少与君同勤誠而句不啚，同出於鄉，相得歸相與共資財，最為和。君乃為銘曰：

賢而庸而，過而中而，娟似若同而，繹不毋出

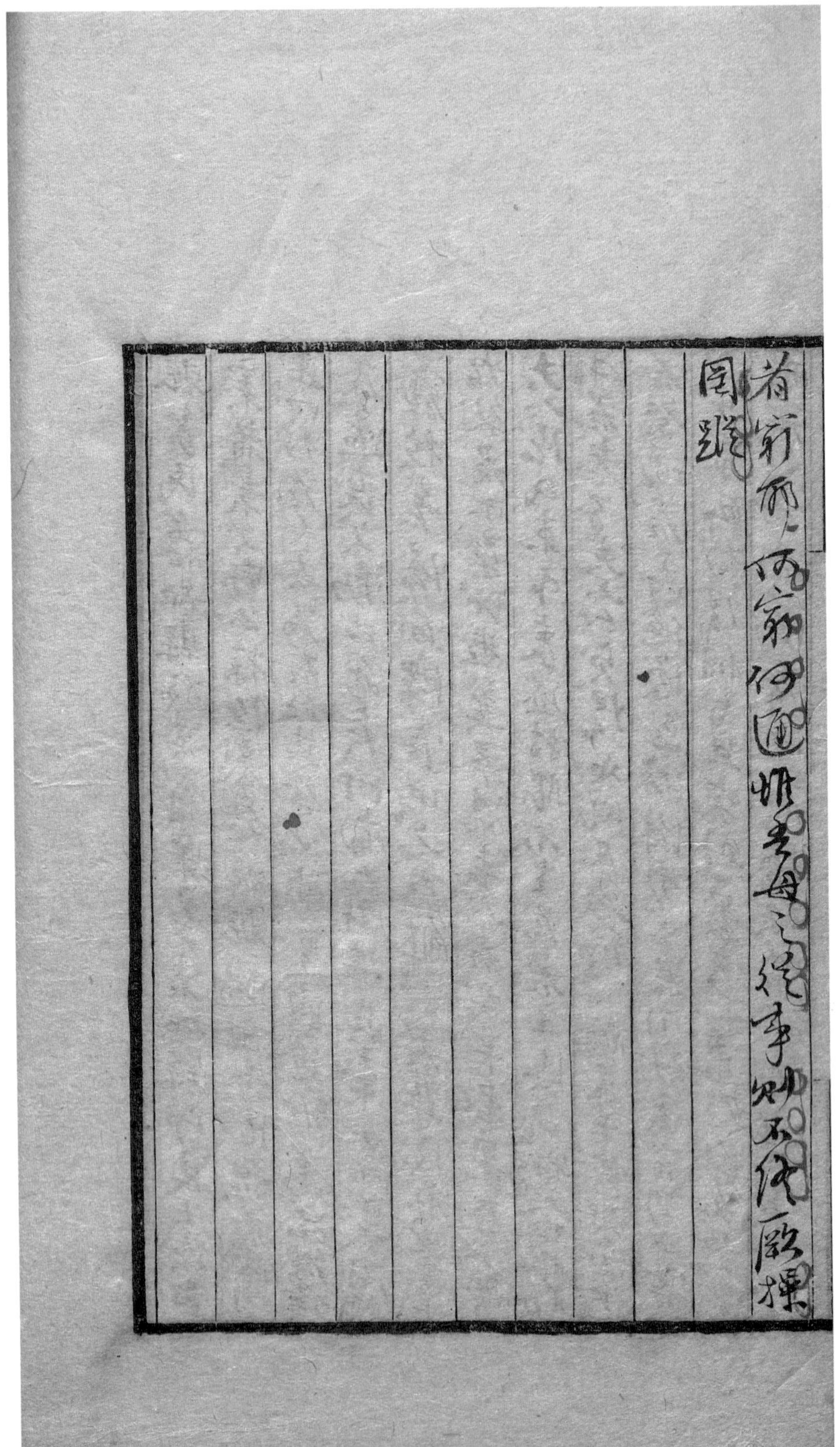

姚慕庭墓誌銘

君諱濬昌，字慕庭，桐城姚氏。父瑩，有大名，宣宗朝官終湖南按察使。按察使公受學於從祖郎中君鼐，郎中君受學於伯父編脩君範。編脩於按察為曾祖，君其玄孫也。自編脩至按察，姚氏世為文章家。按察公卒湖南軍中。是時粵盜洪秀全俶擾東南，天下大亂，君奉母夫人流徙閩嶠，已而涸跡丞倅，求微祿養母。曾文正公師江南，收召名家子孫而教育之。君自江西以公事見文正，因獻所為詩文，文正留之，令就學獨山莫子偲友芝。子偲篤學，能詩文，文正故人也。君既師事子偲，其於詩獨有天得。其詩沖澹要眇，風韻邈遠，善言景物，以寄託興趣，能兼取古人之長以自成其體。生平為之至勤，不治他業甚視世貧富顯晦通塞泊如也以母老求祿仕為江西湖口知縣調安福知縣數年安福人愛之一旦奉母棄友歸桐城卜居挂車山下洲編閉其橐金其私證所親曰姚君殆將復出乎歸十三年卒以貧不能供養再出補安福於是母夫人以天年終憂服既闋君亦垂垂老矣猶以貧出謁選得湖北竹山縣大府廉其治狀調南漳既一年復還竹山君本無意仕宦甚始出以祿養不再出徒以貧困故非其所好也在官時時思歸既其中不自得則一發之於詩其詩皆抒寫性情一無希望怨懟讀其詩知其君子人也未幾投劾去官未歸而以疾卒光緒二十六年二月廿九日也得年六十有八娶光氏直隸布政使聰諧女先君卒子五人永楷縣學生亦先君卒

永樸永概皆舉人有名君和任竹山張謁大府張孝達尚書過訪曰君名父之子名子之父也側室生永保永棣皆幼兩女壻周嗣馬其昶通州范當世皆有文章名孫四人以光緒廿九年某月某日塟桐城樅桂山下桐城自方侍郎苞以義理文章為學流風漸被文章工拙制行一準宗賢君其選也方侍郎啟不為詩至姚郎中乃以詩法教人其徒方植之東樹益推演姚氏緒論自是桐城學詩者每以姚氏為歸觀世所稱詩家多歆羨野潦不足當正流也大亂以後業此者希耳目所接唯君一人君没而桐城詩學幾乎熄矣豈一鄉邦之不幸抑亦文字絕續之所系也其沕緬自少知君審以姻好銘不得辭乃為詩曰

士藏於心而跡不同或身山林有熱在中或心幽遐以仕宦
終君言云爾蓋默自与人外孫抱老死友下惟女詩篇附
承厥後子孫業之不隕覆門梼梾之山其封若堂我銘詒
後詩人之藏

祭李文忠公文

烏乎我公國之蔡著老謀長算勤往謗歸卒安天下名故不

隳上海壘師死地指水戰亂全吴王土年延迎云旌旗風靡

氣死西疆西理南東浙海分功金陵牢讓不有再清中原年

事徒駭群公環師勞敦與畜洗兵解甲于象告功出鎮

荊楚有事梁雍偏陬公膺藝我全鋒　詔衛郊畿兼控海

邦于時天下多口譽〻公負大地五洲疆國麻立挾其長技款関競

入公一恢策談笑和輯上自宮臺訖賢樞密（此韻依東坡）倚公干城棱威

四讋公功不積謗與叢集眾聾獨昭毀異惡習埒者如縱汙者

橫擊炯欲敗公而國岌〻開怨近鄰啟予杼柱生疆議和遇刺及

瞫生偏因讓威脫權[illegible]叔衛命遠聘環麻地圖名王大豪過礼

盛處下逮走卒童兒婦人，一見矜寵，闐道笑讙。國威新挫，由
公而尊，偏後傷讒，功不得論，命聽外政，通蔽柔驕，又以謗逞，不
追愈疏。廣州之行，我聞有命，維臣弥縫，不隕國問，稱疾卒發，鑾
路蒙塵，有詔敕公，旋乾轉坤（四字誤衍），勇入九軍，定盟珠盤，還我
天下再厝之安。左咸同世中興四佐，曾公稱首，次國胡，次左。公師曾
公，與爲唱和，當身山立，視世步可，曾公即世，鉅艱獨荷，彊力忠謨，旁
午助我。鄙儒小拘，持冰入火，荷舌燒城，用忌蘊禍，閡毅之謀，敗于叢
脞。幾及是爲，而國不挫。蓋公外交，嚴有專美，五洲推高，屈一二指。
維昔之賢，治兵于内，及至交鄰，皆所未逮。公功與並，盍以馭外
遠。持長駕馭，獨公最彼。瞽不寤，撓成使敗，已敗縮手，救乃公恃。
公之媾和，存亡攸繫。沮事之議，尚茲紛起。一任譽毁，晏峻委濟

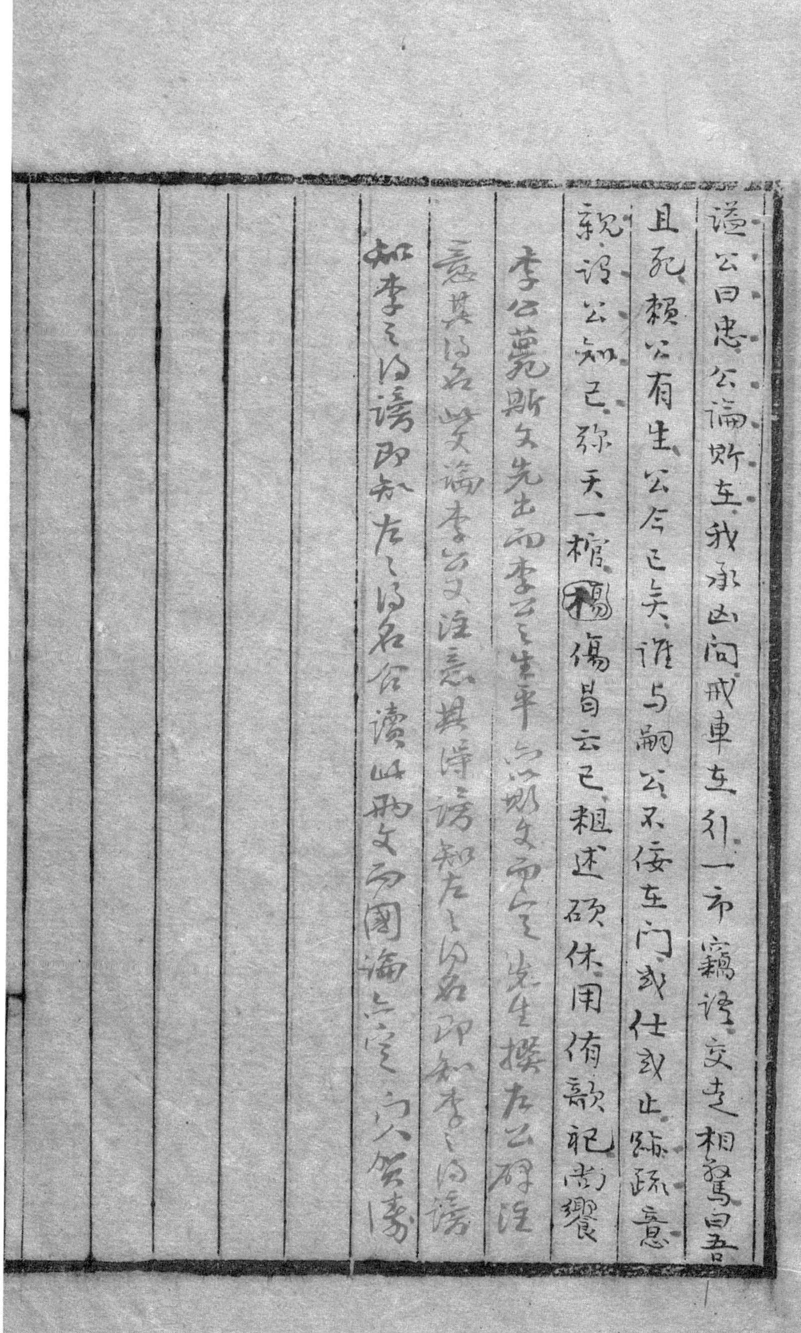

謚公曰忠公論所在我承以向戒車在引一市竊語交走相驚曰吾
且死賴公有生公今已矣誰與嗣公不佞在門或仕或止踪跡意
親詔公知己彌天一棺傷昌云已粗述碩休用侑款祀尚饗

李公薨斯文先出而李公之生平亦以斯文而定先生撰左公碑注
意其得名必於論李公文注意其得謗知左之得名即知李之得謗
知李之得謗即知左之得名若讀此兩文而圖論之定亦可以公謗

吴

祭弟文 三首

光禄君既病不起三日成服設奠祀之駒哀不能文其

兄汝綸撰詞以祝其詞曰蒼天蒼天毒禍我家二親

既背伯兄後殂甫及十年又奪予季以先祖考何

辜責其亞子曾不救閔酸矣痛乎姊在山東方有

鬱紆不發遽赴聽告嗚呼哀哉君其歆饗

成服之明日孤子駒薦奠汝綸再告光禄君之靈

嗚呼我毅甫弟我毅甫稚之疾有牢根不可拔擢

四五年時時間作久輒復平去年夏秋愈益佳

善與朋游詩篇唱和往復不休張廉卿范肯堂

皆稱其才過乃父甚遠弟亦自喜疾頓謂可減乃為

也及聞吾兄退寢尋加劇弟季沖泣何以至此之之異

好家私以告官爲使弟疾以至官爲苦居轉逼迫不

能去懷又不肯告語寧見疾乃以此益不可爲矣烏乎

我博高蹈之譽名而置吾弟於必死嚴冬疾甚而吾薺不

察知及春困篤日加則又惑亂方藥左誤右誤不死不

已天下雖有兄弟相愛之人不已必弟於死吾亦讀書知

愛弟乃蹈此大惡天地有窮此恨何極仍人尺尺屯也

尺尺木吾弟偃寢其中饋弟弟不食呼弟弟亦應痛

苦苦之狀呻吟之聲且不忖復問兄何聞朋儕吟詠事

手蹟詩風聲悅如懷歎情肌瘦骨立吾目中者也

意動撒擬詮度翻然猛省得已乞人遺書存林叢

叢在几寡妻悲歸，維子無邑，焉寧此哀，何時再忘，醉
海一觴，庶哉在懷。
其三日：始奠厝事，以官舍將授代者，不獲將歸，乃得寄
殯於神祠，僕定期送還故鄉，斂綸為詞，復陳其衷曲，
詞曰：嗚呼哀哉，子去何歸，乎子將上天，歸於九天之上，高居
顧瞻登兮，同出塵寰，同散塵寰而不聊，餘精蕩英鍊
未精兮，始生之宜作根，宜排護扶掖，使底於成兮，乃旋
而天閽之為，折一旦之欲，使子摘擷日月，提攜星辰，使
天不死神，有精英不自保兮，何用此空文，精通甫乎
子去何歸，乎子將下沉於九淵，富媼深藏不別，白玉之鏡長
善其將為一塵，閉緯氣於厚土兮，悲僅為吾知之柄

梓已晚之芝蘭墮嗟壓夭已屬兮錯[illegible]畏夭之錢
吾欲使子挽翻大海鑿傾崑崙代佳人而興我兮為
此理之所無天地亦且皆艱兮吾誰愬此極冤父母日
嗟遠兮又誰呼如畫問子為歸來子亦無昆兮或冥或
昏颯昆有不適兮子乃身之任以達其情兮遂以訪其
謀禍兮固有兮禍則鬻醫遠者易為書兮此則不融
一日離子去不還兮夫孰問子昆之白子亦子為歸來子有
令妻兮先姑之宗大義風敦兮匪燕暱是徑見勤娶
稚兮乃瘁厥躬困勞致疾兮子呻不痛子去不還兮
子之妻興不得生子痛超置兮忍陽訣而不適子為歸來
子有弱息兮雖讀父書兮又文字兮佳處足以若子娛

幼不好弄兮篤學則紱禮屬不任執表兮子窮不困
子去不還兮猶不肯此遺婦子尚歸來兮子有嬌女兮
未離保阿幼情中慧兮歲少而聰女子承愛憐兮撫手而
摩子去不還兮奈此嬌女何兄弟妻孥指子歸兮子乃瞑
目而不顧留子骨於孤城兮吾又將家而遠去百飛兒
而可謂兮豈吹傷悲靈柩秋風時之兮吾當奉子以
首以年中道過此子兮歸依父母之邱墓焉嗚呼哀哉
尚饗

應詔陳言疏 代李文忠

奏爲遵旨籌議事竊臣等前奉去年十二月初十日諭旨飭軍機大臣大學士六部九卿出使各國大臣各省督撫各就現在情形參酌中西政要舉凡朝章國政植養民生學校科舉軍政財政當因當革當省當併或取諸人或求諸己如何而國勢始興如何而人才始茂如何而度支始裕如何而武備始修各舉所知各抒所見通限兩箇月詳悉條奏以聞等因欽此仰見殷憂啓聖奮發爲雄之至意臣爲國家承乏多將四十餘年日以變法求才爲事每於中國政治自秦漢至今前後沿襲二千餘年安其所習毀所不見積重難返馴至釀成去年之禍今和議幸成各尤政弦

互張，勢難久自撐拄。古人一成一旅，尚能再造中興，今雖挫衄之餘，苟能上下一心，曉然大變，猶可及時有為，行之十年，其必當漸收成效。或言因循已久，不度時勢，驟謀振興，無從措手。不知事勢有輕重，設施有緩急，固不能橫騖別驅，舉數十年難竟之功，責效于一旦，尤不能畏難苟安，厚慕諸強國已成之績，俯仰兩途施。但使區畫得宜，廟謨堅定，雖成一事再辦他事，革去一弊再革他弊，不必亟求速效，固已日起有功，環伺諸邦亦宜刮目相待。抑臣又有請者，竊維朝廷先定國是，而後一切要政，乃可以次第舉也。中外歷次和約多定於用兵之後，不無損失利權，但無深智沈勇不量彼己，縱長甘蹈景延廣、韓侂胄覆轍。若曰和附，謂詡請流

誤國實非淺鮮昔漢文貽書匈奴自謂漢過不先今迭
啟禍端均由中國臣民挑釁浮議淺謀以 君國為孤注
言之痛心前大學士曾國藩奏稱道光時朝和夕戰遂
至外患漸深因治時守定和議絕無改更用能相安無事
請堅持一心曲全鄰好此誠老成持重之見今臣形見勢絀益
弄筆校不定以患何可勝言又 國家與之一事往往與任事
之臣謀之操局外之論而忽敗之而意斷決而引之不適時又改
圖易慮而迭變之只皆國是不定之咎擬請 勅以盡祛疑貳
持久不變以宏遠謨天下幸甚 諭旨垂詢諸政駢雜遍以
疏舉謹就微臣閱歷所得揆度今日時勢所能施行條列上
陳用備采擇

一曰養人才國之強弱視乎人才人才之盛在乎作養今日之積弱不振不在兵數不在餉糈而在吾國人才不足與外國相抵及今再不作養永無人才足用之時養人才之法首在興學今中國失學已久外國化電聲光之微財政格致製造之奧暨內治外交兵謀商政公法國律之權無一不求于學無學不適于用凡皆中國所無之今欲適事研求必廣立學校不可開設之始不能盡取西制又中國舊學不能廢棄不講應仿于京師設立總學堂分請中西教習學堂功課分專攻兼習為二端其專攻則深造之其兼習則淺涉之中學專攻經史百家以作達用之業而兼習西國經世有用已譯之書以收救急治標之效西學則專攻語言

文字算通粗畧之業而兼習中國蒙塾入門易解之書以培大學專門之基中西均分別學問階級作為生員舉人進士予以仕宦途徑以資鼓勵其外省州縣一時尚難普遍興學惟省會大郡通商口岸均令先立學校與京師換學教法一律州縣勸募之學紳民集貲立學均予優加獎敘其在京翰林部書吏外候補州縣均令分班分日赴學與教習討論政治學術使廣見聞其餘聰明才俊之士講求西學已有門徑散在各省者應請一切破除常論收為錄用以示海涵天覆愛惜人才之意如此則賢智爭自濯磨人才又不可勝用矣次則譯書西國書籍繁富其中政術法令尤為切要中國所譯有限又多專門藝術不

得師授，未易驟通。嗣後應多譯行政、理財、興化、富國、公法、律令各書，俾有志西學者得資考覽。又西國精要之書，日本多已迻譯，東文易于西文，誠使中文通暢諸生肄習東文，數月之間即能通譯日本已譯之西書，尤為事半功倍。譯書既多，須存學，易使諸費成本，備緩急之用，是又育才之捷徑也。次則閱報。東西各國無事不有報，實無人不閱報紙，不出户庭，而五洲國務人才無不羅列目前，以此通國士民盡識時務。其上等報館往往為政府所取裁。昔中國沿海售報已久，内地閱者尚稀，近則上下以禁報為事，耳目益形閉塞。報彼文字雖未盡善，主筆人大率通敏多聞，熟習西事，議論有條緒，或時有剴切。方今朝廷好察邇言之時宜，師子產不毀鄉校之意。中國辦理外交六十餘年，民智未開，國論未定，良由閱報人少故也。自封令為大學與革職翰林掌院六書長官風憲大僚均不能不略通外事，與學譯書，但為造就後生而設，至為宦商年長惰有流覽報紙，不擴充見聞。擬請飭後自京師、外省都會要津，悉聽廣開報館，官為主持，務令銷流暢旺。上自公卿百執，下逮庠序生徒，人人皆限令閱報，庶令風氣一變，錮蔽稍開，裨益實大。次則遊歷西國專門之學，中土尚無，待援各國名家皆教用。本國未能盡來生徒，普通小學卒業之後，自應出洋求師，就各國專門學堂分途肄業。自餘近支王公及大臣資才望者貴游子弟之有志進取者皆令携帶譯人遊歷各國頗留學其官給資費俄與日本變政之初皆以遊學為先務今亦略宜仿行凡此四端皆養人才之大略也

二曰理財政近年經費入不敷出稅釐大款皆劃抵國債此次賠費甚巨搜括已空整頓一切動需大宗鉅項實無從措辦但事在必行豈能束手坐斃西人每謂中國為亞洲最富之邦徒以經理失宜地多棄利人多中飽今雖遍行綜覈甚切而急務有三端鈔票宋元舊法我朝順治間嘗行之咸豐間行後未久而輒廢其病在無實銀為質而欲以方寸之紙為幣今西國暢行

幣

銀票大抵如錢莊之用錢帖推行無弊足以濟金銀之窮而權國用之贏絀至于開設銀行鼓鑄銀圓中國亦已興辦而未盡合法尚應漸次改良鈔票本與銀行相維惟西國銀行與銀票部自分而為二則銀行未整頓時不妨先行鈔法又西人謂我歲入至微無以充一國之用外國有營業稅印花稅房稅人稅等目今國用無措似可于以上諸法因諮博訪擇其一二而審行之如營業稅今京師天津外兵畫界分守略已施行宜擇區以試而行之亦因勢利導之一法南方釐金西人亦病其煩苛異日加稅裁釐之後繁盛都會亦可推行營業稅以資濟要需此有益于國計者也富國本謀足民為急植養民

生以絲茶棉三業為最要。今養蠶繅絲製茶紡布南人已仿用西法，應加意保護推廣。絲茶中國大利，不宜坐視攸失。中國棉花視他國獨少，棄質日本，買華棉出口紡為紗線，復入口售之，華人獲利甚厚。我見紡織大興，利益不致外溢，此有益于民生者也。路礦大利，近雖多為洋人所奪，中國物富家地大紳宗，欲集貲開辦，仍自得有餘地。但使文法稍寬，不加拘制，工業競起，利歸國家，收效能速，為益實大，此又兩益于國計民生者也。至各諸國大源，尤以節用為本，其道以始自宮庭。此次車駕蒙塵，備經勤苦，微臣每一念及，寢饋難安。伏願還京毋忘此艱。昔周宣中興，及為儉宮室，小寢廟，衛文復國衣冠布素前世以為美談今當奉為師法此外常例度支不無浮濫請飭部臣詳議刪汰撙節共八旗綠營各兵餉乘此變通裁革尤能杜塞漏卮凡此皆理財政之大要也

三曰飭軍備國無軍備無以自立外國兵學極重船砲鎗彈尤為兵家利器臣前在天津設製造各局及武備水師各學堂意謂風氣從未大開軍國不可無備去年之變皆已掃地無餘今外國又有禁運軍火之議餉源涸竭無力大舉但軍旅國之大事不可聽任廢弛無論如何支絀治兵之費必不可省又內地盜賊無兵禽治外釁即由此滋開安危關係尤重今於萬難籌畫之中

勉籌三事：一為陸軍，就各省現有兵力扼要駐防，彈壓地
面，有事豫備徵調，無事皆事操練。雖與西國兵制不符，
然有昔人作內政寄軍令遺意。但舊營訓練不精，實由將
才缺乏。西國將帥必由學堂造成，不似古時英雄可以崛起
草澤。擬自撥要款，再立天津武備學堂，用資造就。其前
時肄業生徒，今皆流離星散，擬設法收召，和局定後送入
日本學堂，俾造詣益精，儲備將帥之選。此籌辦陸軍之策。
一為海軍。中國海面盡為各國兵船所據，吾國現只兩船，
不能成軍。惟在船將弁皆係學堂高等生徒，教練多
年，一旦散棄，人才可惜，自應留此二船，以當海軍學堂之
用，令該生練習風濤，講求駕駛，精研海戰權略，以為侍

衍接續之機，異日財力稍充，仍可就此擴大，不致無人可用。此豫備留海軍之一策。一爲製造軍火。外國軍火不來，吾國不能不自行製備。天津各局雖毀，南中製造尚足應用。近年鎗械日精，本不應仰給他人，恃爲長策。查局員匠經此次逼迫，倘能動心忍性，增益不能，未始非工藝振興之朕兆。俟外洋軍火年限屆滿，仍必運購流通。學堂人才漸多，亦不難自製新器。惟三數年內，務令各局製造足用，以濟急需。此激勵製造之策。凡此三端，皆飭軍備之大畧也。他如科舉不改，士皆專心八股，無暇他學，最足敗壞人才。但近年詔旨議改之法，似亦未能盡善。考試得人，全在考官，而考官難求，考試又無善法，不如因和議

停考五年之說今亦直省一律暫停五年俟學堂畢業
併科舉於學堂尚爲不失中策又如官制當有併省律例
當有删定一法不備不能振興但當任人才足用乃可徐議
及此今皆不遑湊陳謹條列三事析爲十目仰懇
鑒裁核定果適實事求是之
諭即此三事十目已孔急
朝廷能執功託付一不得人勢以敷衍具文有名無實然
能指付必堪其事又須有閎達命世之才爲之主持提挈
乃能綱舉目張微臣老矣環顧斯世似尚少勝任愉快之
賢惟有仰懇
宵旰側席旁求中外大臣務協以人事君庭冀集益
廣恩宏濟多難臣無任翹跂盼禱之至所有微臣遵

旨籌議緣由謹具摺陳奏伏乞

聖鑒謹奏

先生論古今奏議甚嚴雖賈太傅蘇子瞻猶爲未嘗稱善殆以其寄興用事且多奏詞也近者陳政事疏諸多攈拾羣言而修之之客氣奏詞皆未能免先生此文山就見所雖行者之言亦和平亦敦慎而忠愛之忱憂歎之意流溢行間求之古人雖劉子政諸葛孔明有此風度直先生論文之嚴也　門人賀濤

致張冶秋尚書

汝綸頓首上書冶秋尚書閣下：辱承寄命，渡海東游，視察學制。居此三月有餘，仍未得其要領，緣到時適各學已放暑假，教育家亦多避暑他往。及入秋開學，又因文部聽講，不能四出游覽。惟學校規模，日本全國一律，得見數處，可以推知其餘。謹將文部所講及閱視各學日記抄呈台覽。竊謂吾國開辦學堂，苦乏教員。又壯年入官諸人，不得不粗明新學。尚書先開師範學校、仕學院，實為扼要辦法。所延服布、嚴谷二君，此邦上下皆賀我得人，皆望能盡其用。汝綸竊持私論，謂救急辦法，惟有取我高材生，教以西學，數年之間，便可得用。查日本初時，令各藩選士人入大學，謂之貢進士，意亦如此。今既開師範學校，適與符契即以年開大學之端但須抱定此旨此等學徒中國文學業已成就之學功課宜專主西學俾可速成其中學不復過事督責用志不紛乃凝于神鼫鼠以五技而窮正此類也但此乃一時权宜之策欲令此起之士與外國人才競美則由中小學校循序而進乃無欲速不達之患而小學校不惟養成大中學基本乃是普國人而盡教之不入學者有罰各國所以強盛也全頗有此今日車馬走役旅舍傭婢人人能讀書閱報是其證也中國書文淵懿幼童不能通曉不似外國言文一致以為小學校盡教國人似宜為求捷速途徑近天津有省筆字書自編修嚴範孫家傳出其法用支微魚虞等字為母益以喉音字十五字凡四十五損筆寫之

畧如日本假名字，婦孺學之甚易，而能自拼字，直彼此通書，此音盡是京城聲口，尤可使天下語言一律。今教育名家率謂不可一國之民使語言參差不通，此為國民團體最要之義。日本學校必有國語讀本，吾若效之，則省筆字不可不仿也矣。至於將來成學，則必教讀華歐文字，此是造就成材，與普教全國之民者分為二事。而中學校普通科學為之階梯，此編竊疑日本科學太多，而日教肄附列太少，學徒年甚進益，而論者並謂此乃歐美所同，不可缺少。昨詢之文部菊池公，公謂此事尚無善法，今天下各國學校皆師德國，德國之中學亦未完善。此學於教育為第三義，中國尚可緩辦，其第一義以造就辦事人才為要。改法一也。實業二也。其次則義務教育。即小學校。取以教育全國男女者是也。至文化漸進，再立中學校。各國初行教育先建大學，次立小學，次立中學。蘭世之言如此。然編審課服其言。又久從事教學，知學人才力不能從騖。今約計西學程度非十五六年不能卒業，吾國文學又非十五年不能卒業。合此二學，需用三十餘年之日力。今各國教育家皆以為學年限過久為患。群議縮短學期。今我又增年限一倍，此乃教育之大忌。然則欲教育之得實效，非大減功課不可。減課之法，於西學則宜以博物、理化、算術為要。而外國語文從緩。中學則國朝史為要。古文次之。經又次之。先論語，次孟子，次左傳，他經從緩。每人每日止學五六時。至多止能學五六科。餘則無暇及

矣此中學之辦法私意如此其效約在十餘年之後非救急
之用若初辦大學堂之專科前聞子意延師西國未審
所聘何等師以私意論之政治法律之外則礦山鐵道稅
關郵局製事為最急海陸軍法礦工船廠次之此皆數年
卒業即可應用者也凡此編所欲上言者大略如此其尤要者教
育與政治有密切關係非請停科舉則學校難成前既屢
面論之此事須公竭力主持至於學成之後必應予以進用
之說非舉人進士等空銜可以鼓勵伊藤博文侯相謂中
國事勢危急教育人才已恐迫不及待必四五年可學成
者乃可收效菊池文相言外省學堂宜為專門教育學
成即令辦事不必再令入京師大學此皆斟酌時勢力求速

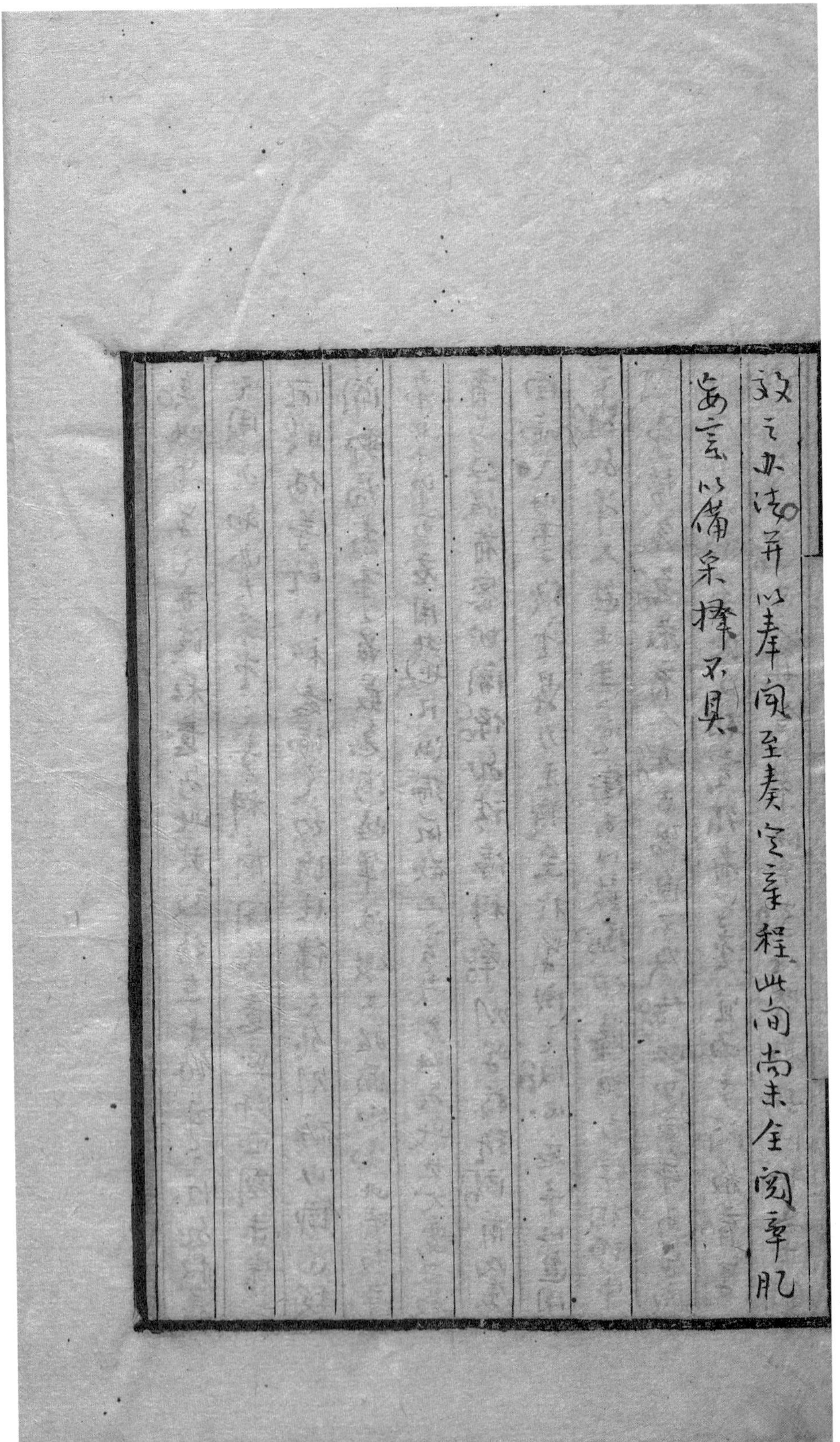

致之此法并以奉闻至奏定章程此间尚未全阅率肊
妄言以备采择不具

題龔仲勉心劍瞻麓齋古印徵

把卷燦琳瑯淵然思古情嬴劉出包越一枝誰爭鳴印史始宣和繆篆留遺形尊源六一公集古收纖宏堂懷益多聞千秋今合并賢哲所用意動有以世名自從宣和來搜羅遍九阮元人尤既此重之比連城邑之衛青印虞吴歌再賡（謂伯生淵穎）後出沿益蕃流風逮巨清琢闕爭禁离錯列因侯鯖廣具若絲犖犖劉繇為精鑿以用恭默時一廁蕭生晚得龔仲子醉古如宿醒示我印徵編古先浩縱橫印璽辨因漢論說堅且明而來篆籀家古法宗漢京陵夷典午降遜留忌舊型漢刻存於希摹印猶錚錚之迩來代完白翁李蔡思抗行家藏漢印多累累堆滿篋籯（完白嗣君鄧守之先生為余言如此）執成良不易法古貴先聲奇聞

方外字彙舊本新程如何冠帶偏視古且後眺蒼侯信好古詩与
古爭雄劍敵九鼎重前摸蜀狗耗呼嗟此篆刻壯夫恥爭
可憐楊子雲覃思竟何成

送日本軍醫紫閬先生歸國

昭歲療義故深悠黃葵苗裔未已休禍成善甫今如此病在桓
侯豈易瘳孫顧癡兒了家事（紫閬曾療仮小兒之疾）卻駕　御苑入邊
愁無君袖裏刀圭手剩欲留參法國謀

日本金子彌平見示近作之詩索和次韻賦此即送其歸國

競欲留靈運誰能補豪放高天疑往蹕老海且羣飛邊馬嘶
丹地宫花鎖翠微園陵佳氣在發舊日未名稀
君居海外洲西度幾春秋我有隆中策歸煩問仲謀

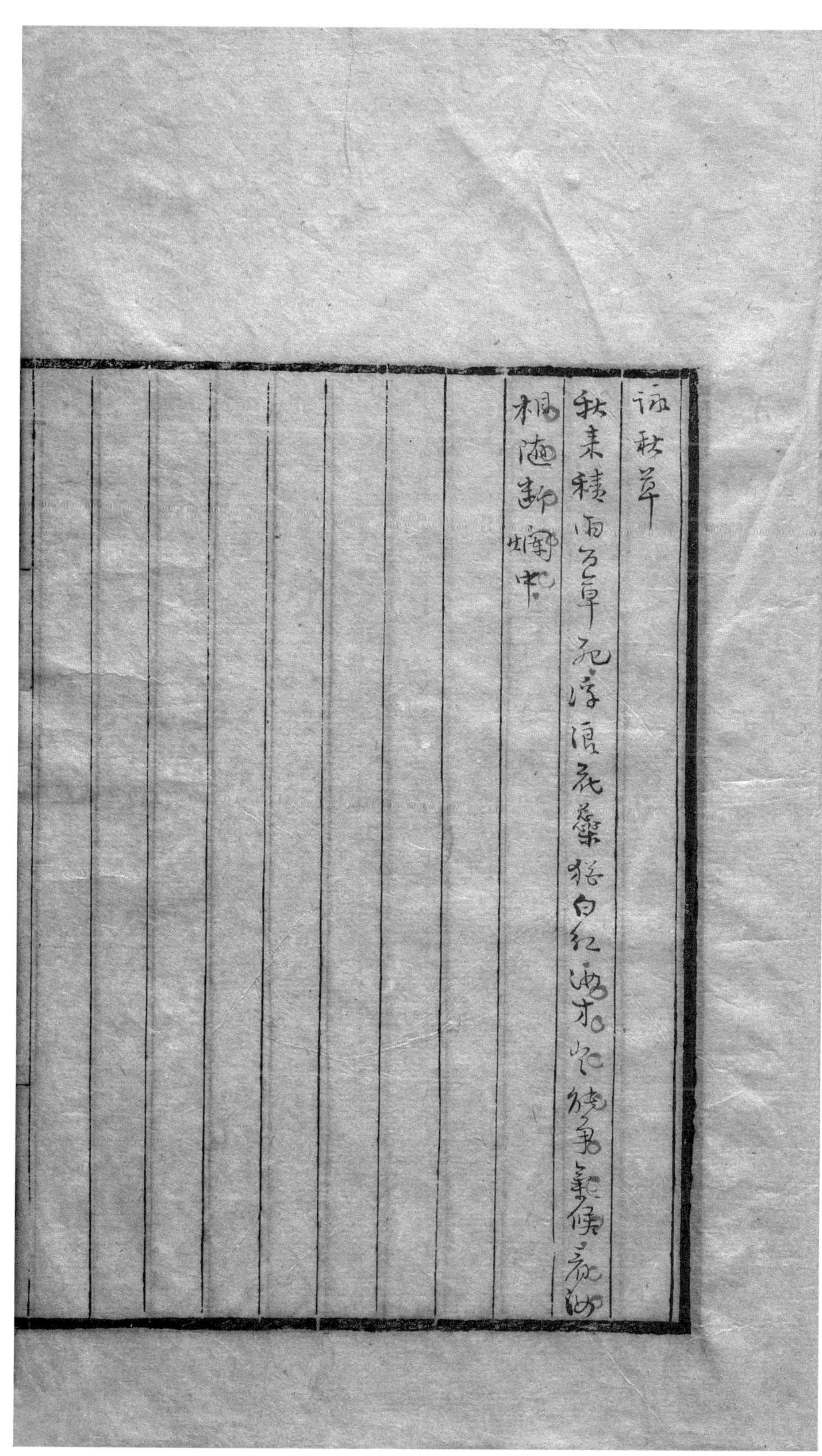

詠秋草

秋來積雨百草死浮痕花蘂雜白紅渺木悲秋象氣候薇渺

相隨蟋蟀中

次韵和吴岑森大来見贈長古

維古王會記瀛寰區大夏於所圖輿分限瀛海
蓬門鼎擧流裔侈秦漢踵起仙天子遣使入海探窮
探蹤者得此止不返挾童男女行趨趨樓居仙人附河
許芝英瓊華宫但答西征將碧樹鼇宫空遠繼起
依稀語後内多變雜遠沙西海綫域各由參先文
墜緒成後野丁安持力敵百男怪録未掌存細細窮
就綺狂晚晚崑山一峰屹永雪入海手足依牌湘競
變爲魚龍權鋏雄鴻術壯哉心嫉獨立千載唯高域
右文弛武梟且姚戎刓騎射廢故俗篇鏃遠適錢鐵
鏃百年無事民安墉高高居大廈居耽耽崇極而地古

因有感雪一歌游履今此时殊都化日進奇材奥学
来秀傳雄邦孟晋广思益取長補短宅心勝生
徒满衡学成帝能績所树芝蘭務自勉與華近
兹盛年以干般世事之近開物競天演学者君勤當方
憂時才气主繫國脈欲培杞梓收楩柟伯樂小夫人
承之使敏云健英归囊愈见文明大化本云物所瞻
遠躍光近譽七来接纳表在庭所则妙法開瞿曇
皆云兩國輔車势相從宜異勤与騁乘車遊野
述七聖面墙而之求稱精鉄要时見之說海波鼎鼎
山崑崑但冀蓮瑄乃蒿筵那用沈隐追鼓轴学舍
于游問师法语楼粉宴惟同籍楦宴朝游日不给

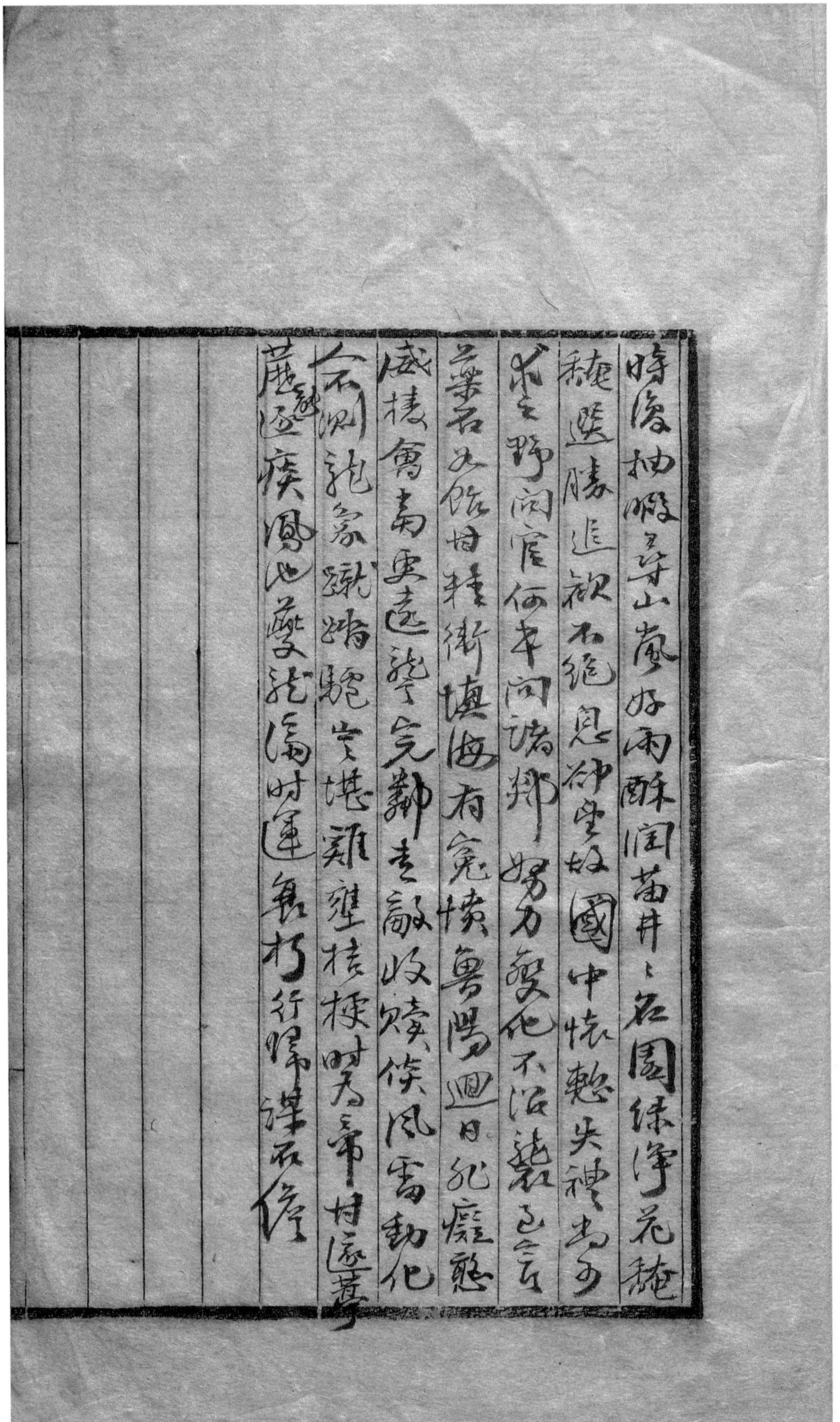
時後抽暇尋山處好雨酥潤苗井井名園綠淨花穠
穠選勝追歡不絕息神坐姑國中恢懃失禮尚多
考野問官何來問諸鄉努力教化不治諸亦云
藥石為飲毋精衛填海有冤憤魯陽迴日紀癡憨
感棲禽高更遠能完勸去敵收嬪侯風雪動化
介洲龍象蹤躍驄空堪雞鍵桂棲時為帝村遂尊
麓邈疾風也變龍編時運急行行歸諱不信

吴摰甫先生函稿

一卷

吴摯甫先生函稿

《吴摯甫先生函稿》一卷，稿本。一册。半葉八行，行字數不等，無框格。開本高二十點九厘米，寬十四點一厘米。

封面題『吴摯甫先生函稿』，據以著録題名。内封有一九五六年夏吴復振題識：『摯老與余同宗而同里，族人有從先生游者，嘗謂先生與人書，寫畢輒令人鈔稿。此篇即先生自同治服官至冀州罷官時之函稿也。行間添字塗改皆先生親筆。乙未歲得於宜城書肆，獻之安徽省博物館，以供同好。一九五六年夏，吴復振注。』本書共收録書信三十七篇，除末篇《答陳雲齋》之外，其餘各篇皆見於家刻本《尺牘》第一、二卷。

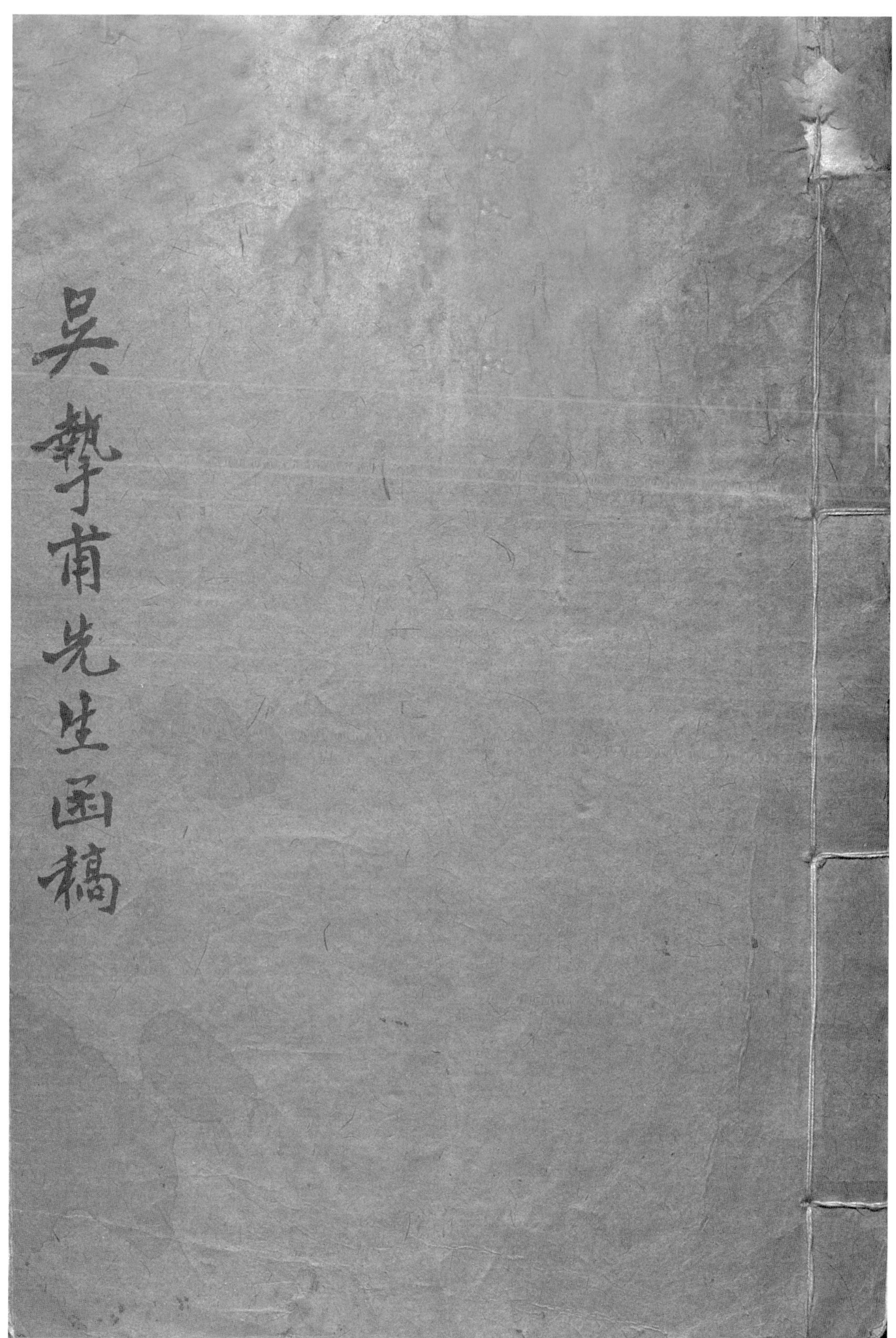
吴摰甫先生函稿

摯老與余同宗而同里族人有涇先生游者嘗謂先生中人青寫畢輒令人鈔稿此篇即先生自同治服官至冀州罷官時之函稿也行間添字塗改皆先生親筆乙未歲得于宜城書肆獻之安徽省博物館以供同好

一九五六年夏吳復振注

上李相国 同治十年

接奉钧函，荷蒙顺适，并以州境被水，垂注拳拳。恭窃一官，分应尽心民瘼，乃以牒振稽迟，上烦清问，惶悚莫名。此州历来受滹沱淀决之患，前此河分南趋，州南各村被灾尤剧。同治七年河忽北徙，分为二支，一支北入安平，一支东入饶阳，皆由深州经过。本年淫雨为灾，两支之外，另漏一口，旋被分村庄，较上年尤广。某查阅境内河道，皆浅挾以溝不能容納全河之水，水長即漫平地，一望黏天，水退而地復鹻鹵，不生禾稼，急應開濬寬深，使容正溜。至今新決之口，自東鹿入境，并未刷成河槽，游行泛濫，毫無歸宿，急宜堵塞決口，以遏橫流。惟核計工程，所費甚鉅，民力斷不能支，將來必議有把握，再行請款興修，寓工於賑。惟滏水之流，必先自下游興工，州縣必有爭地，不能越俎。附目下天津迤南王家口一帶匯為大湖，諸河受之病，皆由于此處閘不暢，患及腹心，勢所必至。師門多有異域材俊之士，可否委派通習算法、熟于測量者，前往查勘，先籌去路，并即周歷全河，逐處測量高下，就現在河身用西洋治河之法，道宜疏濬，当冀安瀾。近年議治滹沱，每欲從上游遷挽，使南注故道，此不識性，不測地形之過。若使河流順軌，在北何異在南；若令四出橫流，故道何殊新道。吾師奏留南漕，賑濟災民，若用之濬河之處，使爲開河築堤計，然不躊

躍從事、似屬工賑兼資一舉兩得蒭蕘之見
不識可採否本年到縣捕章程具見多工宦留
心捕獲、惟分報四鄰、傳遍通省、一處遇劫、通省驚
擾、驛馬郵夫、晝夜不停、二形微難支、于實事無
濟、散報與拿賊自是兩事、失案而不散報、散報而
不拿賊、皆須憑考察、拿賊之法、全憑購線、不在散
報、近來盜賊之多、由定例處分過嚴、使人諱盜不報、
因諱盜而不能清、今宜稍寬例限、使得各治境內之盜、

內盜既除，外盜自不能入，似不必多立條教也。

答方存之

久不作書，正深馳系。頃奉書，如獲瞻依。執事官成歸里，提唱宗風，後進仰流，輻湊並進。吾縣故老餘韻賴以不絕，甚盛事也。承示姚仲實、叔節兄弟，某在里早已望而畏之。怪穿劉仲儀及阮心如、高仲奎、鄧繩侯，曾與諸公，皆前所未窺，見好士言義。某才拙學淺，少不自力，今冉冉將老。

百年一成方當羈縻一官趨走塵土師友在望然
可寶明展省來書蓋自惶悚乃謂數子得名
師下如不佞者薄之必望有成此豈正言若反深識
某之不足而好為人師耶實則自知謭劣凡遇
英儁皆不敢妄自抗顏前時馬通白顏施學禮
某則避謝不敢為先容于姚廉卿是其明證師
道廢久矣謬者乃執退之師說為例長或一見其
人便欲羅之北面又或執途人而為生徒私心常引為

烟戒不轻师人亦不敢为人师来示奈何姗笑若是往年好放言高论自台从南旋鄙人之质已丧往往端居守口纷处奔择廉卿隔在数百里与千里今年王晋卿专攻汉学多所发明惜其兼领志局岁聚处不能半载廉卿文集出世过早亦疑存者过滥叔耘志在经济于文事固有所不暇海内人物渺然似世运之有衰也昨闻朝廷访求人才凡经大臣论荐者皆列姓名付外查询而执事与赵惠甫皆与其

中或者亦為馮婦手。

与宗老松雲

別已數載，未通書問，良由夙昔契分不在形骸，想垂鑒宥。即審台候多福，況方膺慶，宜至為跂祝。姪補牧冀州，地瘠民貧，為通省之殿，英雄無可用武，遂至百廢不舉，績狀未聞，年年更值水灾。孤城阤土，宛在水中，轄境被灾者四分去一，流移塞路，無術撫綏，以蘇州有愧于俸錢，子瞻無愛于官

職輔中來者絡繹不絶何以應之將欲勉吾清
操即難好行其德不求諒于流俗或者見許于親
知粗叔莫當遠行責望之意頗能留此數月深
慰我艱惟祠宇工程本先兄唱首不料其修未竟
遽已云殂是以親支不勝是紀錄起越在在并土難勝
未啟粗叔每談及此淫抱古心并不堅持初見佀山
兄素鮮鄉曲之誉其經理祭田商適遇訟端迭起而用
浩繁實未嘗乾沒公款且與先兄同其患難某于此

斷不敢稍有厚薄致議論失平家庭爭訟久知交侵獨惜無人居間未遑融洽先父兄每遇保辰公事無不銳意任營設有紛爭力爲排解吾叔同其襟抱特以兩造各在盛怒則其意不可遽平今年從蒼悔禍均願息爭敢請其力勸和俾大局壞而復全宗親散而後合則祠堂未蕆之工工可協力和衷觀成有日篤培四之始終其事力爲其難感激不可言喻二公或排或挽吾知勸必有功區區之忱敢以

奉懇往年負上仰賴惠借錫財食德數年未能
仰答並寄上白金十兩畧解歉衷將軍山雖係廢
寺而至環諸公均爲鄉人受累並亦寄呈十金請吾
叔代爲分散擬毛之敬取其意可了

上寶相國

去歲舍弟汝繼到京曾上一書汝繼返北冀將備述師
門曲加醞釀汲引勤勤感激下忱有逾身受數月以來
依戀函丈然付諸彈徒以塵俗情狀無可上言又念

勿勤劬不敢以小失竿牘仰塵清重是用奏記闕伏
想蒞郡以來福綏衛感宜私用跂祝皋慶學謹省近
退失據徒勞之職尤拙所帳顧念百口衣食不能不竊祿
但嘗見黃魯直所云食貧自以爲業者所領之州
民窮多盜土瘠不毛邦畿之間最號難治某才力綿
薄大懼不能句當貽笑同僚私立課程以所斷爲至要
結正訟獄約在四五千起應選其窮民少清訟累不爲脅
役所魚肉此外則衷心整頓書院培養士人欲化其樸陋

之前本年奉檄清釐差徭某佃加考究其册差徭不重而民間殊以為苦則皆不均之病現定為業按畝攤差每畝制錢八文鄰境士民皆謂至輕且平輿情尚為協服至于清查盜源則曾令各村办理聯莊搜訪匪人為之分任畧師保甲之意而去其勞益煩碎之弊近數月來閭閻亦尚安堵才力所到只此而已至于家計殊不能了不揣冒昧擬令汝繩去山稍分擔荷來明保案既荷九畏垂言俾得徼倖過班

今勉爾用今具入都引見晉謁階前汝俺質性樸厚閱歷殊淺爲蒙拔識風塵俾離于汚濁自生毛羽天地生我物不言感伏自維念寒門兄弟并獲負擕寶三兄受知于前汝俺被薦于後全家寵任于恩地群從并坐于先風揆之昔人如此蓋寡助一宦無鷄肩不獲摳衣謁謝自揣終可拔否惟有自力文章歌功頌德而已臨紙終任馳依之至

上李相国

前月奉到鈞諭。敬悉一一。冀州被水各村。前勘三分四分者。現已一律涸出種麥。惟五分十餘村。因海子漲滿。而衡水老母廟缺口。牽動全河大溜。閘口宣洩不及。又穿開閘旁堤埝。仍屬稍不敵長。現仍汪洋一片。海子旁近順民莊等村。不但冬麥不能入土。即來春亦難望佈種。徒以大秋早禾皆收獲。今冬尚可支持。來年春夏數月。逾過逾難。前年所以殷求多撥春撫者為此。尋繹鈞諭。

籌款艱窘，未擬更難設措，方慮勻撥有限，必至
幸杯行來兼，本年藩司勸求民捐，委員復勸，
因即于冬間先行四千兩，想可仰邀允准，其未來數
月必應倍增此數，庶可稍補流亡，仍求垂憫瘠土，實
黎賴為措注。又查新河與冀州衛行武邑西鄉境內，
滏河東岸有民埝一道，道光二年、咸豐三年皆經
決口，咸豐年時，正值逆粵北竄，頗賴漫行阻溺，賊未入
境。事係以軍務倥偬，亦未撥籌，此隄為道光初則違安大

賑卹至道光四年行知奏稿。已云羅掘一空矣。而冀其處溝渠堤埝仍搭估二萬七千餘兩以工代賑良以冀其處奇窮並民埝與工仍須收款接濟也今自吾師蒞直以來安縣河工惠利浹于歲甸實爲百年以前所未有而冀其處猶澤被少于他處目前通處澱河堤埝廢壞再不修理必致夫爲平地擬明春通飭一律與工竊見官款難籌此堤尚係民工仍擬派自民理不敢援道光四年領款成案惟衡行之閘係方敏恪公所建者

淺冀州之海子之水初時閘有河渠自海子達于閘
以嘉慶道光皆有疏濬此河成案其後閘被河衝
損堤之孔閘板亦經遺失于是填土成堤而冀州之水遂
斷去路李州州曾濬海子北去之河而限于經費僅
起人夫八百餘名恐工不及十日是以未收效而閘工則更不暇
議及某年間冒昧上言欲請賜撥防軍疏濬河道尋
方敏恪公之故蹟亦擬閘河之後徐圖修閘今既被衝漸
淤則河閘之工不容偏廢非衡衛分令奉委來冀其

核估閘工覆書謂尚不難僅需二千金便可整理區區之
意擬于春撥之外求撥二千金以為閘費其閘河之費
則即用撥卹之款以工代賑再有不足仍請借撥營勇
兵民分段協修似毋庸另理費省而功可成鈞諭謂此境中
見行寬似河閘均在可緩較河決大行甚數十年一見
至如瀝行貫注海子則常年所有且河道開成有
閘蓄洩不惟有水可以冀速消即乾旱之年亦可引
水入內藉收灌溉之饒再輔之利窮謂賑撫之術計

口授食乃一時補苴之小惠爲之長非而全活者少若開
河建閘實可惠濟一方相度得宜可收數十年之利
故愚意所及每欲輕撫卹而重工作也當此籌款支拙
之時某何敢市惠偏隅虛糜帑項況所剩私擬皆
欲以一文之錢碌作三四文之用且冀其將來收此一文之利
平時求領官款勢有難行惟乘此稼穷之際庶冀
仰荷矜憐來春撥案興工必有大煩籌畫但于他處
勻撥便可挹彼注兹故敢嘵瀆干求伏望矜許其功

捐一事冀州尤難辦理另案請給功牌不識可行否某所
籌開河閘妄意必行惟須與衡水通力合作寶令
恐難任此昨衡水縣紳民來求戴令還任特達上
聞可否仍請飭戴令還任襄助一切為幸

答廉之兄

承示致桐城新官函稿中不謂然聞陳公乃皖省循
吏吾兄本與之詞翰交誼甫通一書便關說訟事適
為有識者所輕此事在吾宗則為公事在遲

則爲私事託彼爲本鄉官長亦豈吾輩一紙書所能迫以必從弟一性氣剛方則切謂吾等多事抑或指爲左袒親支而激使偏斷則犯徒然益轉有大損吾于彼固然相臨之分也此亦一是非彼亦一是非我非輩懸隔數千里外臆決如此云云然論縣官不聽即使見聽正恐士林如山等自此結訟方長吾輩遠安昇鄉乃今伊等控撫控督牽累及我未免太然防身之智左侯相在甬遇事風生豈合

肥李府尚相撿制偽令士林等鄉試時在督院控
訴非美事也如果吾兄不肯俯納必欲致書列詞
勿署弟名兄于此事前未往來泛論尚屬可行
若弟則係倡議之人前有議字尚在合族手中
不可前後自相矛盾將如山仁甫士林等固皆前
議修祠時各有分領之事乃今忽指為錢賴罪魁
被持原議告官我將何辭以對又况如山豈為鄉曲
之秀言近年管理公事實絕弊端先兄引用以制族

中蠹毒今先兄骨猶未寒而（乃）叔弟反眼揣之死地
世叔九泉之下亦（以）見先兄者兄之本意謂輕叔業
兄較如山仁甫等為親耳不知叔弟于先兄較輕叔尤
親也有此數端故願勿詈叔若是（為）[illegible]惡

答佬筱侍

薛世兄入贅一節承蒙徹處先為上兄執事自任結
費驗看感同身受但薛世兄入住衣履亦不能少
徹處前只籌百餘金請執事任三百餘金約計九

六万金不能办而部况艰窘若欲坐视已稍究其力上
督鲍多金而多自与之说也未云既季才先为上
先其用银三万余两并将捐局收条送阁据云重
阳可得实收加本拟领实收后再行函告惟加之意欲
早赴阳信薛萃未请不能禀之两去承先寺差
奉闱務乞惠赐三万金交去差领回薛世兄现
经朱敏斋委令查实不得亲身亲领求速須所
惠由此间入都验看办竣再行謁谢专布再候

至若何來云謂予受知遇最深尋繹我公此語似少
年爭名之見至今介介於懷當薛師之與嘗
不佞實係一時偏見與薛師于文字間不肯自用全係王
曉巒一人高下其手執事于曉巒者且師事足
見風義之厚遠過下走其于薛師自當信于曉
巒況薛師所取前十名一律愛若骨肉故就廿
瑞生十人之末而薛師處之不減某是則名篇有高
下愛實殊厚蒋薛言如鄉會座師豈得云榜

首一人受知獨深其餘便同泛泛哉顧我公于此又況當時名次不忝盧前今日仕宦則我公獨顯貴汲引寒畯乃顯貴者之專責酬答舊恩亦惟顯貴者是望我公豈可畏師友之函悵託鄙民之遠憂乎未示原不先上者原以為暫時鬆勁且明告以于薛世兄功名能得仰見垂布一諾重逾黄金現又還臧月想意處于此等當是心心欵項不謬託石交覲見我公富貴如此豈得不生妒心又豈能不望分潤今公助

薛世兄三百金即作為助弟之款是一舉兩得緣
弟受薛師知遇人所共知若今力能獨任則决不觀望
全交即今力實棉薄亦當展轉乞貸設使我公往時
不出薛師門今既謬荷折節下交弟亦必仰乞徵望
之臨轅貸鹽河之粟區區之請必望俯從鈞任翹企
待命之至

答王子翔

來書具悉一一旧病未癒遙啓究亦然此由腦氣不足

此藥物所能為功，宜自知調養。若辛苦用功，亦不相宜，故素年不勸用功者此也。家貧老親自以負米營養為急務，但甥年尚穉，乃翁所望在讀書成名，不遍望甥營養，而老夫則（并）不欲督責功課，專望養身卻病（以為病），已則有事可為，幹退之。詩有（云）文夫身（在）百然□（云〻）者是也。身強則能用功，學富貴則能自立，何必汲汲謀館。歲（時）暮啓蒙讀館地，每岁不過百金，得之則朋友聚處，游談逐日，或相率為荒

嬉之遊百損而無一益所得館金少不節制則隨手
耗完于親于家皆無分毫之助此何為耶況得館與
否全視運氣暢視吾近年何嘗能為人存得一館無
能者不計如李玉度楊幼甫趙鍊卿諸人欲謀一館皆
不能成非吾不為之力實亦機緣之不湊也馬玉斋為吳
名令中道丁憂上官因其虧累用伊兄馬璧如代理
遺缺故玉斋全眷在衙未行非外館也現張璧如又卸
玉斋亦無所歸矣至如近來營務則方在遣撤更難

荐於人，此皆吾力所不逮。甥果欲謀，即在南方託人
謀荐，但氣運可得，即能荐成；若氣運不得，荐主
難爲力。若依愚見，則年內優游養病，泛覽古籍，
病漸輕減，著實加功，以求養志之學，此上策也。甥才質
可以深入，但坐見聞少，而塗徹未明。吾然他長于文字，因塗
徹頗有見聞，必能于甥稍有裨益。勸甥能誘于勢
利，凡用賤求貴，用貧求富，皆勢利之見，豪傑之士安于
時命，不憂貧賤，但一志力學。學有三要，可爲立身學

爲用世學爲文詞三者不能兼養非通才非奉嘉賢
哲刻苦求進不易成也吾所望于甥者如是若乃以姑息
相愛非所能也

與桐城縣令就賛卿 九月十六日

久離鄉井未獲仰挹清芬無每聞父老傳述如神
君惠閭殆數十年來未見之賢父母也仁風漸被百
口一辭莫任私慶敝鄉文物凋謝家鮮蓋藏禮義不興
老成典型日就廢墜習俗濡染未易改絃幸賴執事

涖臨惠利瘵眦扶持善類風氣翹然一變此廿世之
利也時局多艱去年兵役忽興遂至一敗不可收拾
近來執政諸公無禦侮之才惟以汲引廉潔自好之
士為務意謂拔本塞源端在于此不知法令繁碎
束縛人才賢者無可表見又況強鄰環伺自非高
視遠攬馳域外之觀豈易坐談宏濟艱難之士烏
能為有無輕重哉某才識淺陋自知無補于時不
敢崔鼠太息早謀執事路伏門祚衰薄有為容切祿汲

上近復無禄鶺鴒之痛不可彌忘一家數十口滿目孤
孀勢不能遠客殊有捐弃不顧行當治裝南返
藉可覩矣高風邈遠良覿匪遥弥殷翹企行人南去
謝呈旧藏通商約章類纂一部伏望鑒詧入此書所輯
諸章程某在北洋幕中頗與採擷之役惜光緒七
年以後者無人續纂正為義務一門腹地尚伸所尤
宜致意者也

答姚叔節 甲午四月二十七日

前見会試榜大名竟未与列為不歡者累日已而私喜以
為今年仍可屈駕是吾縣之不幸而愚父子之私幸也昨
由通白函告以為執事去來進退部甫為看房屋
尤喜良晤在即次日又由通白送到手書則知執事方
謀祿仕不擬復事皐樓屢展書悵結不知所措遂函積
懇戚懇以為執事可就武邑書院而專肆徽處是沾沾
較量飯食金之多寡以為去就以賢者當不如是既後
轉計執事家貧親老乃欲以菲薄之敎久羈千里

之足勢必不能又況重以薦賢有命乎丈夫欲去則去安事周旋來示立言正婉而未超然埃𡏖之表古人云爭名者于朝爭利者于市天津人物輻輳固士大夫之朝市也執事託迹于此得其所矣犬子羸弱多疾不能讀書執事所深悉茲日侍名師之側亦何嘗能排日用功今年加有痼疾不可遽療廢書不能讀者數月矣茲從即來觀子亦未能上學鄙意往不必挂名讀書從此不延他師以極盛難繼也來示舉賢自代以贖私憾云云本

莫可憾，固亦莫庸误代。某于执事爱之重之，前时奉屈二年，亦只籍谨长聚，并不望子成名。杜公笑渊明以为有子贤与愚，何其挂怀抱。某窃不及古人，亦不敢轻犯昔人之姗笑也。久聚遽别，能无依依之怀，相望数万里内，每岁首途所经，会面殊非易，与我公以千秋相勖，岂区区于旦暮从逢耶。

与范肯堂 七月六日

病中成淮军昭忠记一首，自知漫不成文，适白颇有

議刪之處亦録稿呈政務望之痛加改削海上多事
而五日非筆乃從容而議文事真乾坤腐何也大詩
謹據所窺測者記諸眉端以識私衷未能得其深
處前議先祿俾容暇再奉復相公此時軍国事重
吾些之文但成稿俟事少定再獻上耳日本此次争高
麗其蓄謀已久特來乘俄人鐵路未成時發难俄路成則日
本終可措手日本得之則俄必措手于地而吾國大勢
去矣高麗不能立國終論愚智皆知之往年黎純齋

在英時吾嘗寄少荃書謂越南高麗皆當改爲內藩遣
督撫治之否則必爲他人所得黎復書服吾論爲英偉
而亦不敢堅持也高麗亡久矣此二十年來賴相公經營保
全之是以彌留不絕今難以虛守矣諭旨詰責言路糾彈相
公惟有忍辱負重支此危局耳不具

答李勉林 七月九日

近來日本之議如何來諭謂非口舌所能爭最爲卓見
但吾海軍不如日本事至奈何陸軍添募而渤海不

能独貴終身益也况陸軍亦未必能應敵乎

与范肯堂 七月二十日

東事軒然大波未識如何結局何周公都統諸軍之牽徑

殊爲善周固紀都統之才也近年設册如大国然不增兵

增餉增船增礮獨我国以外議庬襟不許添購船礮一旦

有事船礮不及倭奴遂至海軍束手渤海任他人横行

則豈陸軍壤集乎壤何能濟事又况軍械不能足用士

氣孤怯來示謂山海關形勢單弱未必有備算未識何

術備之具，恐形勢孤弱，不止山海關一処也。某久游相公門下，今軍事孔棘，而某卧病保定，不克一趋轅門，又平日深識（激）他人以山長而傑陳要路，蓬葭航海，今日不欲致尤。且此事大失疏（左）于平時，及至兩軍相當，愚見亦無可獻之策也。獨默計時艱，中夜太息，不能成寐。不知相公七十之年，傍無同心贊畫之人，何以擔挂危局也耳。

答康愚卿 九月十六日

高公春子壽就馮公索，壽亦勉應之，左侍寧要請

曾擬登此次用日本棉紙印者尤佳照部意當有未
洗愜心者元書有圈點新刻不應削去此好古之過也往
時金陵刻姚氏今體詩鈔削去圈點亦張嘯山唐端甫諸
公之過也吉好刻圈點誠不免陋若讀刻昔人論文字之書奈何
亦去圈點乎今若刻呂親附果親王本圈點然每字又
自不同且其評語亦自著圈點不如仍之之爲適愈也拙刻
尚書俟裝完後當奉上以供清玩勸捐助賑深佩執事
之勇于爲善寄來募冊恐未能報命僕近年杜門謝

寄此間收伸多合存醫前貺人存事者寄來募冊十分，屬為轉募。吾無處分送，至今尚留兩分在敝處，無可轉交。即送八分，亦恐垂橐而返，緣此邦不如江南之好義，年年捐賑，久已數見不鮮，皖冊寄已繼以籌屬，無從措手也。永定河不治之病，曾文正初來以治河自任，及親勘驗，亦竟束手。前年李傅相遣西人周歷上游，欲于山峽中鑿鑿作壩閘攔沙，此西人治渾河之法，而為許仙屏中丞、周玉山廉訪所沮，今舍西法而別籌蓄洩，則列至所欲全

而曾左李三相所能為役者後之矣未必遍得其方
也來書謂吾国于西法為之者徒尚皮毛無良不謬但吾何
而後不及皮毛吾恐今之議者并皮毛之未得也此豈可空言
就今取若云綜貫本末洞達中外如吾鄉薛庸菴者
似未必遍多其人已真其能主持風氣轉弱為強則吾
其法而已执事年力正強盍博覽西書西報勿遽求
用世不具

答孫慕韓 十月十七日

承示盛公鐵路之奏譯署議令招商開股借定洋款每
撥給官款此中朝支展常態必使任事者皆出于數
衍然後即安近日僅定役學重用其大畧不擬請洋師
以中學為主亦恐其難收實效吾国士大夫見聞既少
人人自以為是又事未聞亦先立一成見以為條例下至左
世傍觀數十年大約不任事者多其任事則往往如上
所云前書欲請多聘通之學重以為今初開風氣善
于教師舍西人能可勝任者故願即用徵国教士凡教士

多能東身寓过中国者造蜚语皆奸民好生事之
所為此徒者激怨將成不測之禍鄙意深欲中外化泯
畛域故忘拟策果不持成見教士者為官長所用爲端識
教導其他学或未深究至若语言文字則固生長于
（而為希）奇言者又西人他学皆于专门講授独算数天文則多不
知者從中窺（視）此等皆若吾国蒙養之書所謂三字経
千字文等之耳何足異不能設教独吾国成見若不化則（能）
此策亦自多不能行耳區區之見終謂舍此則中国

一时終導師也李傅相处时通音問屢為傅相計則以左繹畧為得計吾国人財究兩若出而施展未必完此人意是又將成蛇足也独政府不思改絃轍慮势难支久此後一年下去之列欲保学校成材則恐吾儕小人朝不及夕不能坐見河清矣

与曾重伯　十月二十七日

闊別〔間〕二廿年今春始獲重見慕歷既似及閱著論讀所平議毛詩義多創獲是越俗說馬鄭極佩服

佩臨別承惠借講易二家此兩君于易皆能自出新義一空前修障翳但時時武斷不能矜慎以求密合經指似亦爾通人之一蔽也前年詢四象古文執事謂延南當可撿得此編為先師文正公晚年定本全集中既編刻非撿年譜後跋亦未列入疑為輯錄者未見此書所謂四象云云此中亦未標出名目敝處往年鈔有目錄惟莊子多部鈔者當時未記所鈔起訖其鈔史記自序記似與古文約選同

起訖但未能確记文正公論文深处非近人所及知此
如圈點識評議皆与经史百家雜鈔互异尤宜流
示来哲今将元目寫呈乞照目细檢记此书曾寫与
忠襄惠敏二公又有自留之本不在同时散佚倘得之
書務望莊子史记節鈔之篇记明起訖仍望将評
語及圈記依王少鶴归方史记之例照録一本見寄
以便校之付刻補全集之遺憾是為至感专書呈
上四冊以供諷覽世變多故吾徒能志于世乃行之自守

舊學殆亦有門捷徑然後習所至不遍易也

答姚叔節 十月五日

仲實在揚接執事之館自係兩得獨肯書窮困我竟致力振之士不得志則謗毀百端以尼其際會不必問其所自來知道者亦置之不辭當今文學致出有書右者其窮困其所也大著敬讀一過鄙人所愛又不能已焉誇君以為何如人好惡各不同文章得失心自內信乎心可也于方伯在皖自是勵精為政但須丈地畝寔出下策

孫佩南亦能必有高識然且辭不赴召識知其事非善政也通白既為方伯所重猶不可娓言以助沮之乎通白與執事皆宋儒之學也吾縣前輩家法我豈敢不心折氣奪但必欲以義理之說施之文章則其事至難不善為之但塗理障程朱之文尚不能免饜衆心況餘人乎方侍郎學行程朱之文章韓歐此兩事也欲并入文章之一途志甚高而力不易赴此不佞所親聞之達人者今以敢貢之左右俾定為文之歸

趨皆異不入岐途也

答吴家甫問

往年台端在敬敷書院肄業大府整文頓教延學成行修之士爲之監院潛山方廣文先生吾所素知若畏甫則髫影執友也素爲諸生楷則有志之士可以聞風興起矣執事近讀諸經注疏以院刻爲主此卷專經不閱他卷此最爲善學古人所謂讀易者此學詩正謂此也有得輒記錄亦將古人讀書要法識

能銖積寸累繼以終後必有貫通處之日有躐輒
從諸學長請求身心性命之學此真知本僕生平
于宗行之書獨少瀏覽雖畧識為學涂轍大率入
德之始以為紛誘于勢利為一要義勢利二者有
一著于胷臆根株不斷不但身心性命終從講貫
即讀經綴文亦不能深入老來自恨前時失學今
既以自愛自立為事尚希于勢利二端稍留
意焉勉行其言吾宗之興可數日而待也僕近

益衰備悉生平志事終一成就後生可畏願以老

夫爲戒

答季皋 丁酉八月

閣師相置買邸第已成議否愚意近是在朝本
終多事終庸進退仍不離京師爲得故置第
爲不可緩也或傳今年仍有出使英國之行然未
必果然在朝終出使之艱等缺差他人所不敢爲然
即欲屬之吾師亦在意中爲吾師計有使命亦

即衹役而已，叔出季守不足論也。環大地全球，然不勇敢，獨吾國欲抑使不伸，入朝見嫉，豈不可畏。

上李傅相 四月

去秋星軺还津，某某獲親謁，歸朝以後，眷安京輦，似非小人初意所及，但以近日人材局勢論之，則固非意外事也。倚閣吾師坐鎮都下，真如謝東山，最為得策。身繫天下安危，三四年來，益脱樣下威究，宜不離輦轂，備不時之顧問，不得不悻悻使入山林，綠野平泉，故当于京邑求之耶。保定距京不過三日程，而消息乃不時通。某近選擇請柯編修紹忞意，擬今春送女入都，屆時並藉便候問。柯生文字甚有名，俟事起，舉城若狂，柯生獨不隨俗而靡，可謂特立有識之士也。某現編輯奏疏，尚未蒇事。擬鈔詳簡二本，先以簡本閱世。此事乃人弟子之責，然可詳議，惜某年老矣，精力日衰，備感不能精校，恐不愜先人意也。

答桐鍋泉　肓胃

前意考定易韻，兼寫異文，用意深美。易自宋賢考定古本，迄未能合十翼之說。鄙意彖與小象，此自解釋經詞，今既離傅于經，又離小象于彖，使一卦之詞必分三番讀之，殊為不便，不如仿乾卦之例，附傅于本卦之後。往時張廉卿不以鄙意為然，謂小象之韻有通截卦為一韻者。愚意終欲便讀，不必欲拘拘求韻。康成注禮，輔嗣注易，叔師楚辭，皆往往用韻，既能自成一文，何為不可分散哉？獨大象自為一篇，文字宜與文言

皆各自為篇耳易之弄文法焉兩家搜採畢備今
但擇其勝于今本者從之而注明從某本校改以救
節也鄭注箸易說者求文句曉析中多私創之言
不獲寫呈執事共定可否抑謂此等皆退之所謂
尔雅蟲魚紀石碑版人所為者中国之以子有益于世者絕
少就其精要者仍以寬心文詞為最切古人文法徵
妙不易測識故必用功深者乃生多有心新得其出而
用
世亦必于利害大議論皆可得其深处不狗流俗為毀譽

也然在今日強鄰棊置，國〻以新學致治，吾國士人但自守其舊學，猶善其身則可以矣，于國為終無分毫補益也。老朽蟄伏，不能不為高歌青眼，屬望故人矣。

答洪翰香 二月七日

前與孫慕韓觀察妄論西學能師能取材于外國為之士不可不慕，翁不以為然，下走則確有所見。今國家若徒託空言，并不真興西學，則蒙不敢知。若誠欲造就人才以收實效，則不得但設三數西學而止，勢必使各行省府

卅縣各有學校林立，乃望有真才，而出于其間，亮昇昌

法之用。然此則須多得良師，何由立致，今中國風氣未開，偶有

能通西學者，必在通商口岸，其內地州縣，無由訪覓，然則

今彼國教士，能從得師，前與慕韓書，謂須與定明，但

相從講西學，而不入彼教，所謂定明者，不由朝廷與之立議，

即由地方官面論，彼必樂從，何也，中國民教不安，由于主

客不相融洽，今官府有事見委，彼國請託求之而不得，

者也，鄙論出後，旋見萬國公報中，西人亦有此論，又見日

吾人自（论）学校沿革、亦持此论、则固非下走一人之私言也、但学师取之太士矣、立学而终往矣、又将奈何、如府州县本立书院、为若终资、何从得此钜款、以兴（西）学、则乡人又有一说于此、盖就筹议亩捐不可、亩捐之说中朝持之甚严、以为加赋之渐、大明之所亡也、我　朝列圣悬为大禁、谁敢干之、然当此民穷财尽之时、欲兴大事、不取之亩捐、岂能推行天下、所恶加于赋者、为其虐民也、今取民之钱、而培民之子弟、视其家孰当延师、所省何止百倍、若为之（取）其（实）与之，亦何憚而不為哉。不行此策，則所謂與西學者，恐亦所謂歲為此語以逆于之者也。西學籌款，畝捐最為上策。其次則取之僧道庵田，然不如畝捐之可以通行無滯矣。鄙意之策，比附於拘牽文義〔者然〕所取也。執事注愛異等故發，一發其言狂。

答王合之　二月十日

中醫之不如西醫，若貢育之與童子。東西謂仲景所論三陽三陰經，名目最為卓見，識六經之說，仲景前已有仲景從旧而名之耳其書見何病狀与何方藥全不以六經為重也不閱可也西人之議仲景則五淋中所謂氣淋者實於此病又所謂氣行脈外者實於此理而差于支飲留飲等病亦疑其未是此殆亦仲景以前有之常談未必仲景創為之也蓋自史記倉公扁鵲傳已未說得其實況千金外台等又況宋以下遞所添說之書乎故河間丹溪東垣景岳諸書尤可付一炬執事尚謂其尤有獨到竊以為過矣

与吳季白

令姪還闕京，本當就西醫治之，可望復壯，勿聽他人沮堅。皖中舊無古書院，今年沈中丞與吳學使擬創為之，勸捐于皖紳，甚多在者。鄙意深惜此舉之不成，擬請姚叔節來歸時商之皖紳士，公請撥軍餉，派六縣酌捐，此舉計民力不甚拮据，而士風得此立煥然丕變，又無價之寶也。尚恐中丞不敢派捐，欲請我公與六縣京官公商，作書勸中丞奉行此舉，則六九垂成矣。不知諸公以擬議為然否？此間有友人

誨訓仲魯者謂先康公前已寫入閲前日北冀州人來携
有賀松坡致同州府一函屬爲轉遞詢其書中何
事則云先公叙有書屬松坡爲渠父謀同州書院
擾此則奉年而歸還席以屬之康卿也弟擬日内致
作書致康卿告以吾冀人欲延聘之意并勸勿
入秦未識有當否先之康卿之文必傳于後今世人不知之
後世必有楊子雲能知之也今人多講口耳之學故自与
爲異趣其文章自有真待康卿死則廣陵散

絕美匯之意是所為必欲羅而致之皖中也

答余壽平

接閩月惠書。獎借逾量。慚戢奚已。執事承明著作。坐實兩崇。至尉跂望。前聞皖中議創古學書院。擬寧學使倡率捐輸。某用為私幸。誠見中興以來。各省皆有學古之士。獨皖中頹廢。再從無先輩接引。深恐淮壖武節。極盛難繼。一時之風。聞其新人。今得太史振臂一呼。不難風雲協應。旋閩貴

宦

伸多不厭損。皖中又少公好此事，便告中止，意深惜之。大約廬州、池州諸公皆謂省城書院僅止安慶一府受益，無此艱望，不能合安慶各縣踴躍仰承，他府目不易言。不如一府專辦，或尚易蔵事。已与桐中諸公函商，欲請撫軍于安慶一府按畝派捐，以成此舉，似尚不失左緝歷等意。如以為可，欲請轉商洪朗齋、趙伯遠、朱舜琴昆季、徐鑄莽同年、吴季白、王閬山諸君子，公作一書，徑請撫軍飭派畝捐，一壯任事者之膽計可徐圖成之。此書院若成，則以素才俊日起有功。出則蔚為國華，處則教授徒友。吾鄉人士不患不蒸蒸日上，為惠不可勝言。往年中丞勸合肥師相倡此事。師相意不在此，而漫謝以山長難得。今武昌居廉卿，海內碩行也。在鄂不合，流轉襄陽。今聞將有入秦之事。此君年七十而入關謀生，蓋亦務術自給，出此下策。弟昨謀之南中舊遊，意欲糾合十餘人，人出百餘金，延此公入皖，以為鄉里後進師表，則文章之傳當復有

寄明年集腋爲之又明年亦循事成則紓恢弘出
囊橐矣謀鄉里好義之士必當嚮應即使此議難成亦
捐之策決不可廢但令有貲以給師生固不憂紓
令爲山長也區區愚見竊謂時局日棘後來之變未知所
底帖括之學殆不足以應之將欲振興人才宏濟多艱自
非通知古今涵茹衆識未易領此不佞日夜念此亟孰
也用敢誦所聞見仰達左右倘不見謂迂闊否畫冀
卿兄子之師但能代謀惟力是視限所處之地不能有

為于童君耳。舍弟解任之後，藉便赴津一診旧疾，于私計亦正自不愿官途，升沉則有默為主持者，不可強也。

与姚慕庭

七月廿五日由筱侍觀察寄到兩函并手書，六月八日所發第一書，則五月十五日作也。得書遲滯如此，遠道殊可悵悒。所論范宅姻事，前因執事及仲實屢有書見託，并言不嫌遠，若但計人才，故敢為之導言。今范公來書并言婉轉要臣允諾，其所以委曲言之者，實緣肯堂故劍情多，誓不更娶。前時范公屢令更娶，并皆堅謝。友從傍諷諭，肖重堅持初見，自為前夫人墓文，仍以不更娶為詞，其文見不能奪也。其二子，大者不過十六七歲，小者約十歲，因不續弦，所聘婦則視其大郎稍大三四歲。其前姻家大率是通州近處人，其詳某亦不能究知。其父子兄弟間慈孝之道，迭見于詩文中。范叟蓋一老行，曾在福建按院幕中，其先世自明以來多達人，范文正之後裔也。其家清貧，然肖重及其仲弟皆以文字知名

公卿其季弟文筆亦雅健范公未可乃其季弟手筆
也其兄弟競爽如此張氏久負者目前豈窮居亦未必
仰俗前姻家閣下見范公之信種種致疑竊謂上有
公姑下有前子亦復續弦之常事且亦安然公姑之家
而與之議婚彼范氏本然議婚之心而某因執事謬
辱馳書勸之既有諾矣而爲處又若不在見復使某
然詞以謝范殊覺爲難執事反件寔前書專以此
事見委冒重所聞知也今若改議亦甚難于言詞都

意議婚者以擇婿為主其他皆在所輕執事初見最是若左顧右盼長慮卻步則必至激女懲則交臂而失佳士今海內文華如范肖堂者甚實罕見其附恃執事前書相委之者乃為之作合自謂不負謬誘執事閱人多矣知人材之難得尚望採納鄙言旁人忌才嫉能或多排議不足聽也某前与薛宅議婚係獨斷于己其後待言親家夫人亟為嚴刻亦引為私憂及少女嫁後其姑嫌之乃過于己女

此見使言之妄薛宅即其明徵今范氏昆弟文采
奕奕其老翁亦隱德君子其可議者但坐一貧字
耳貧非士君子所憂也必不得已則范公書中所云
拜認前姻以存旧誼者乃世俗之常例賢者不必循之
此尚可從中後頗其他則實有其所难言者矣
求亮瑩仲實文字筆記因得其秋間寄來故未及抄郎
讀女公子大作亦未閲定他人未令見也俟告儀寄本白
有人赴津附便奉復不及寄文卷矣与執事交誼不以

于范公氏范公肯來都言耕萬宅不路待我不以

范也不具

与陸廉卿

前復書再論三江文字理頗劣不足存其意要其說

不可易嘗以執事雄文固不待争也函内李寔惡卿行狀

誤寫李寅殊失檢其他所辨證皆有依據不于乾嘉

諸行門下乞活生也韓宏碑記董晉狀以為刺譏蓋終

不喻宏初起乃兩河舊習其不和蔡鄆亦未必乃心王室

独具釋兵入朝為可風勵諸鎮其消失皆見于篇亦
何庸刻議為若董公則韓嘗依之以其好祥瑞不知兵
而釀乱致不能稍阿私之此謂徵文刻識則豈未哲之
用心宜乎我韓公故多深旨此篇則恐未之論也某
文字覈之尋殊少不敢妄有异同至心所未喻亦不敢
委曲附和尚希開示大義幸壽焉本前託范梵門
代繕已成將用石印成帙擬壽辰二首呈教自揣不足
門下諸侯之下下者必垂痛加改削幸勿因其老而寬

成一切寬假之政定或欲附新緣見近人初亦不敢置一詞心又不謂然也頃者筆調賀松坡託朱敏齋于方伯前催其速辦公牘日相見亦可一代詢也不具

与景韓卿

前肅一函、計達承覽、衙門鄭魁立印閣之案、昨始奉到司札、計委不日當來撤、外河工辦理四案、從緣一人控訴、方自以為私幸、今忽有此一舉、其案奉未及下走指摘、至其于上師相函牘、均庸更贅此等小事，某輒以去就爭之，師必笑其褊急，而嫌其激昂。然縣委迴護原告，則原意中之事，某某之工，家乃居今所忌矣。今去年所以有此議者，即係疑爲佔奪民地，欲借此以收声名。卑末來此既晚，不及見數十里斥鹵，鄉里一不生一毛之时，又不知修河必尋旧河，乃能省減土方，是以冒然發議。及某告以寔係旧河，外豈真然而止。其後相見，仍以河間去年蠲除民糧之案，引以激射。今與委会負責，倘存此意，至彼仍託窮民之声，梟置何由辨之？此則獅子搏兔，不得不用全力也。果如所示，亦祇該令故與輩為難，臣坐所見過此案，原告并無一訟，乃敢稱有九訟，若該令與州意見相同，亦自不難審實，誠恐積滑含糊，則事不在某某一所寫之所為，又該縣民間時有假印之案，而私雕之印，乞未追繳，亦恐私捏印契，積儲眩真。凡地方良善，不論吾河云有益農商，實大不利于其驗，若使群某赴案，為原告作證，縣委信為轉輿論，則亦必倒亂是非，此又不能不長慮卻顧也。吾河據有

旧河中沉溺之朽船，俾民共见，抑今该县讯案此處，以
为确系旧河之据，亦恐其不为讯案某办堂以为重
大事件，数年以来，专心致意，以就是役，岂傍人讪笑，不稍
游疑移，今岂肯被郑魁立一人挑翻大局，一不如意，舍掉
冠屋田，尚有何紧哉，往年左泽舟追查巳屋之义，一手归入
书院，送往年陈利弊，奉师相批饬，勒碑刻志，永不许换
还，可谓结案矣，其后一人买擅妄参，而朱敏斋李鉴堂遂复
查还义学，仍归外村私囊，彼其查还之时，固已托为美名，

而不知弊端之不可究詰也今日之事深慮其如此世間那有公論也成事如拔山之難敗事則不啻吹燈之易某每飯意之業真須算也惟師友知我護事係全乃可精行其志耳瑣瑣奉瀆伏望鼎力婉言左右其間俾是紀分明不勝大願並望示我一切至感至感

答張廉卿

昨接復書知化臣現未奉省改薦白君以應委茲之聘今新河擬定五月初十日開考仍令奉迎化臣不識近日化

區區正為凡某处奉荐之人往往不能赴所即此足見山長之威令也三江之事不知窮竟何在似以交繼為善范肯堂已為媒説姚慕庭之女范府亦允諾矣執事能不佩服我乎韓宏之事向謂當以韓碑正史不得用史識韓與考小異而董狀似亦未失銖兩

上李相国

衛行鄭魁立即關之案前在差次即以開知以久未奉關文未敢妄瀆此項工程亦由戴令與某商度年亦兩迭次賜搭

大宗巨款即係奉憲办理之工，于地方居民有利無害。未開民間有怨望者。未開河以前四餘里不毛之地，中間隄池立林某周歷勘估，全照旧有河身開挖，估冊中有老河創空之土。又于衡邑境內掘出古時沉溺之船，在事員役、沿河居民共見共聞，尤為旧河之確證。鄭魁立所居趙常村距河尚遠，家餘半畝，乃妄稱有九畝被掘，毫無影響，本不足慮。惟衡邑大令識見狹小，去年初到任時聞有上控之謠，乃久為轉圜，由不知所開係不毛之土、旧有之河，疑

其保民也故有此議及某吉知府宋乃始恍然而身往閲
有韩園之語遂生僥倖之心此所以河成四年官換三
任實有叩閽之舉也此河某所開司委若与某某会查自
不虞别生枝節令司札令剴該縣会同委員詳查但慮
該縣尚持初意則勺民得志諸多掣肘此河有益
農商獨淋晒私鹽之弊皆賴失其素業若令摩聚
苟有仁人君子為或惻然心動該縣委等豈能碍有空見此
男婦痛哭哀求者未必遽然亦不得不防者司札飭委
員就近訊取供結令原告本止一人身可侍質若令該原

告呼朋引類則向日私梟必且附和同辭何以辨其真偽
哉某所以深贖太息恨不得起戴故令于九京而與之共事
也梟計司摘提要政詎核審必以此次縣委查訊者為根深
惡因此次牽動大局某威壓勢一挫即惡此河且為私梟
所持正紳良民從而尾之夙鮮仰求施九縣之惠主持一
切嚴究誣一二人決然究抑鄭魁立僅止六十而妄填
六十二歲實為圖脫反坐起見密查赴京者實只此二
人其餘坐觀成敗首鼠兩端即民情可知矣原告之

意但以藉名漁利不坐非理故河口已寬八丈而挖新寬四

十餘丈此等尚復捏造何論其他凡開河道有旧河

必不舍而另創爲其循照旧跡迹可以創空土也省翼衛

大窪三海連接彌望斥鹵并無民田此久在洞鑒之

中即使新河改道亦但侵據海干荒土豈能佔奪民

田况明有旧河形迹可以省節土方何爲改從高處自

尋煩費當时勘估寺循旧河自創空省土起見亦決

未計及佔地不佔地之説不謂今忽尾成田之成竟以佔地被

控具司飭撿原卷蓋疑其前有控案不知州縣兩署皆未控過一次實係此項卷宗也但乞明哲之士執事實分别是非幸甚幸甚

與李贊臣

近聞俄使將來頗責償祀国藉而不肯降身必閙及滕文閣国債尚短一萬之數從籌措政府謀議何笑狂得毋大禍即在眉睫乎吾兆年庸仔肩所肯佔畢殊可自笑往年羅稷臣欲求得吴刻古文辭

類纂付之石印巻多学者亦藉流傳孤本盛事也屬某為求白帝初印者數年不能得去冬得之送此書津而羅已遠使詢之石印局肖印五百部昔曾文正自謂文字之傳得之姚氏其于惜抱自著之文尚執傾心佩服而猶服膺此選屢為後生言之今讀曾公書牘亦仍可覆按其指世間多行康刻康刻乃未完之本獨吳氏此刻為姚公晚年完本姚公即世管氏異之梅伯言之徒校刊此書其于康本實有雅鄭

之别其篇末云取亦多不同板存金陵燬于粤盗甫
北藏書家見吴氏元刻者至少石印必得白紙而吴
本白紙者又加着少為此所以数年而不能遍得也當
謂救时要策自以講習西文為務然中国文理必不可不
講往时出洋学生归而悉弃不用徒以不講中学而去年
王制軍奏書上謂講求西学必得中学成材者乃為
有益于中学門径至多以文理通達為最重欲通中
文則姚氏此書固徹上徹下而不可不急講者也今石印

局既不肯多發印部意欲簡之執事可否上達
制軍請由官發印似損於官款有限而嘉惠士林
者終窮僅因公款支拙終暇為此等不急之務則
擬集腋付印掛石印局開示估算印千部約收七百
餘金多印則價可減愈多愈減計此書印去費僅
每部四金不為昂即貴則佳其服者取信稱之息似可為
也津中自執事外如孫慕韓汪君木先翰卿諸公
其公行而好文者如劉升林鄧班卿諸公似可屬該集

股同印此书使吴利正徵之极後存世間中国文字一髮千鈞之繫亦也以上十二說求擇用其一并望見示為荷

与冀州紳士

去冬在北戴暢論時事楚雪三公以為不謬惜旋告吾去与閣知校之之法要以士大夫講求西学為第一要義使我国人人有学出而应世試足以振危勢而伐敵謀決不似今日之束手瞪目坐為奴虜萬一不然任官而挾吾学術亦足立致殷富自全于戡乱之时校種之道莫善于此但窮

鄉僻壤欲講西學終難問津即通都大邑欲得西人為師亦苦財力不斷（徙）蓋西人來此就聘每月俸五六百金不能得也由是中國議立學堂者多聘華人為師其學之淺深聘者不得其底蘊如袁家亦延師鄉學一為師者之意為高下安能責效于生徒哉下走自去歲春夏以來即為諸生提倡西學適有英才客此間平日往來契好因欲請其便中傳授西學此君意已慨允其學為此間西人所羣推鄰人聞之有素

因与議明每日以一兩点鍾為度事忙即停課一日抑招
学徒廿人〻出〻金為月俸所費有限此議难得之機
会然如此商風氣未開視此為不急之務殊然信都
說者惟冀卅為吾旧他諸君与我若有宿緣決然不
信之理開旋吉已有函与碩臣商論有子弟二名業
從受西学每月為修当君雖未自应及时定議勿稍游移
并望三君子廣劝卅人有力之家相率偕来開此風氣之
家有力者往〻為子弟捐納职銜以為榮耀吾謂职銜

特冠服外榮而所費不貲嘗其中國外有也西學敬者
三年鈍者五年必能有成五年所費修金不過百餘
兩而使子弟有學可貴可富其為門户光寵比之賤
銜身外之榮其相去豈可以道里計哉望諸君俯
采鄙言并切希速早素知任翹跂

答叚臘功亭尚書 二月十四

去冬由李贊翁交到惠書并承盛棲與一件小侍翻
論為禮及覆議論闡豁蓬心想見輕裘緩帶雅歌

投壶之风度自攀援威公欲并不足窃谓撝谦之过所为威公所为乃中国之旧法执事所与之敌则前古所无自行军用兵之道下至一仗一阵一器一械若稍拘于往古迂论也频蹙趋足可期顾明公所以外国名将为师不惟威公不足挂怀也韩白复生亦不足为吾国轻重也若乃脚卅之丧旅大威广之辱此乃政府主持和封畏所遗参与外交之谋臣出云狂悖如斯势难据臂而争来函示又谓偶干戈相见不敢稍有

瞻顧此日烈士素抱竊料時勢所極不致復見干
戈果有斯變則社稷生民之害非區區一死遂可
塞也愚以為自前治軍于無事之時即宜預之於
臨大敵外国兵畧出自学堂于訓練齊整則不過數月
便可告成獨將帥本領則必預于諸平日今吾国立
学堂而止武備初校未能研究深處必得有雄才大
畧之士資之多金使遍歷五洲軍政得其本源究其
變化而後出而授以兵符縱不能折衝雪恥但令自立

于不败使敌心知我国之有将才则一将之任贤于千万之师文武力难为此刻宜广求外国武备学堂中精深微妙之书聘我国之能文有古法者与外国之通习汉语能明武备者对译之使主兵者从而授读其徒知诵读之不能超悟者仍屏而不用所用皆得其精华弃其糟粕其聪明机警又足以展其所学如此而后我军壁垒焕然一新不能如是则军操耕习步法足以骇动耳目可一有事仍宜为

国家養威勿輕言戰其亦履乎持重之選矣国政頹放僅軍旅有人仍难振起国勢也執事治軍嚴整深得士心尉為長城之寄翕然同辭乃從指節下交與布衣樵悴之徒從聞难用敢獻其所聞伏維鑒亮不宣

答馬通白

去歲接手書并鈔示所設學堂公呈條議至以為善惜此呈上達未久州局遂復變革除當事畀依舊

論鄉里父老與吾國諸公遥相應和似是應運而生吾輩從作杞憂何益近効此閒諸生自備束脩附從在保定一英士學英文英語若幼数月得廿人但在位不爲提倡殊難振作凡外国有民生日用之學與富国強兵之學此自是一源皆化電格致入手此等家學名師亦能來吾国者吾国小學未明此等專门之學亦難從闻津故無從者竟力倡亦亦理得法亦九十餘年外不能造就成才今本国不以爲事東手待亡吾廣

子孫然唯類矣僕定之吳士子肉顧為其国来游者
所重与僕素相往来願為代為吾學徒者每月
俸二金此最便宜他處偶有必需學者輒自立禁例不
用洋人吾知其從然成就也現与諸生約以五年為限
五年之後或出游外国再學专门或自出應務以博升
斗之入均所甚便唯五年之内不得半途而廢吾若
離此席或去照前一有移易又作解論也大箸悉照一
讓其定於于文事已無可望朋友中能質全国于

貧病賀松坡目已失明惟吾通伯尚復精進不懈近作益復勁悍矜練力矯凡庸甚既深心折亦遂弦索疵瑕以樹詩友界樹上嘗以為本文章不宜談理此先哲微言執事最不信此語究其談理之作實亦不能工也

與王子翔

拙作古文千萬不可付刻古文最難成所作已少此則凡下然卓立者刻本必須自成一家方可傳後若爲有識者所弃列所謂播其惡于眾豈相愛者所宜出

此耶吾說書易二經自信過于時文以說經易而文字難也然冀世人欲為我刻者書故我為堅辭不敢問世豈敢遽刻拙文以貽識及賢愚卿必欲為此紀我徒與其代鈔拙文及今曾留之不復寄還我一生大徹大悟方深自愧恨豈可益惹恥不但生前不刻死後亦忌其欲謀付刻亦非吾子孫也若有知必不福汝吾祖父皆積学所著詩文皆未刻以行世我亦不敢謀刻但寫藏家塾留示子孫可耳文章差得傳於世莫大之業吾一生此

望當望及世子孫有能繼志者精[真能]与于文章者則吾不虛此生否則死即速朽焉著作不足久留世間也此事得失自知豈他人所能代謀乎為我力但望卿勿為我献醜使我魂魄不安至要至要

与陳雲齋 冐十伯

桐城來書有一公事欲[卿]求其力玉成緣桐城五鄉比日有書院皐所居鄉曰南鄉其書院曰白鶴峯書院有書院產生業曰玉版洲者近有紳頼子欲妄争此

洲許訟已延儒署教鄉諸紳力持正論不令紛擾詩
意閣正呈縣請詳定立案相長吏為書院作主事
一訟久不息爭訴到院者求我公轉達鄧公祖悉言於獄
永斷葛藤是為正感現村正業業定又生枝節書院
紳士到府呈訴府尊遂欣于此洲入息內撥三百千為省城
外救生局之用此則難從命白鶴峯書院入款奉撥此洲獲
利有限每年入數不敷出并無有餘一經分提書院立敗不可一延
救生局云是善舉比之書院育才為　國大小懸殊豈宜

剡刋書院附益救生局俾成此是謂顧小失大不可二也府若視省城近地以桐城下縣為遠寒勿均隸帡幪不宜歧分厚薄奈何奪桐城養士之資為恤窮循例公事之用不可三也且救生局即能認真辦理亦為仁術究竟能救幾人桐城上年江濱書院之旁有七里磯救生局每遇風浪活人不少然此地方富紳捐辦好善亦解囊相助並未聞提撥公款以附益之況此書院則官紳向來皆視為重大之事方慮乏款增補豈奪其已有之業以攜歸

救生局錢本縣之救生局尚不得提用如院之款何況鄰
縣不可也有此四不可即令一二紳士迫于府尊之命不敢
抗違或向府尊面許要之此洲係一鄉公款非一二人所能主持府
尊若欲懇動頃佳岸救生局亦何慮不可提款兼求勿提白鶴、
峯如院洲業弟於府尊向鄉淵源不便冒昧言事敬求
我公俯念一鄉文教所關勸府尊收回成命異日造就成
材府尊之賜也
荅陈尊命 七月十二日

惠示并鈔示院司批詳，敬悉一一。先是未奉惠
書，鄉紳士已有公函言及宫墻已定議提撥，執不敢
違。在京師及外省者人人憤怨，攘臂欲争，來示
察已樹結，似可毋庸計較，具細悉告學使某官
遂册餘年于鄉里公事從未敢與言，今來議獨
此事則鄉里彼之以文字為所集責，坐厥深上意，遂不
敢隐情，情已啟胸中，當道又知可挽，援前平生知用
惟我公一人，不得不再陳鄙議，惠仰求九原一言為我

轉圜于中丞小秋大公祖賓于曾文正公年甫一
面之緣今不敢冒昧上言也求我公婉為緩頰兼成
惟吾子之賜丕哉吾惟子之恐矣中丞方伯兩公若有
意責還令雖已往投信紳士再行呈請仍可就勢
轉圜不以反汗為嫌也昔漢高祖刻印銷印息變
改蘇子瞻及渭楚具美以濃屬神宗曷嘗累焉
祖之知人適足見聖人之能哉世所謂善論事者
院為遠士之遷客王雖公務不重視桐城祠墅如院產

道光时中丞方伯皆以俸倡捐事具江宁县志略

书中曾文正驻节祁门查出地方闲款归入书院

岁入至今受其赐此皆前事之师也太守但责整

局经费终措亦何尝欲亏书院岁款生员有府

工房姚姓者妄献此策即诳骗桐城一诸生曾应李

世[illegible]谒见太守据府详此生[illegible]用书院入款共计

洋数百元之若果书院经手绅士何至不知确数但

称数百元此足见难据矣李世[illegible]甚病偃蹇难于

謁見貴人太守若信前見某生即為李世賢不妨待
李世賢函略一訊是否前人若前人面詰并扭李世賢
則此生認繳二百千不得執以為據且太守所詰固不難
置辨也若竟成本案多餘書向鶴峯索有佳為證云
餘之全生新洲增張以便據之近得謂此息為出原生之
節徑據他用若令李世賢進謁何難從容辨晰何至
過求久提大前例有此事故前函言一律公筆一二人抄計
不能算弄事不謂府詳竟執為據數之抑也未必肯提

撥有限不知洲息本徵合提去二百千已及詳本府詳請
另有四百四十千歸書院而以一三折合洋已現合暗中洋
四五價此四百餘千中另有錢名耗費定欲通歸書院此款其
小洋者江洲埔洪錢亡合既提提撥洲息

前過保定之一接清談丞尉一飯留旋見大計枚欲慮崇
階年壽在執事固不以此加榮輔年官評亦有公論
是時局之大廣也家兄某前蒙推薦適館授餐正賴
感召有某長男自南來者觀其文謂親年已高其
常欲姑是痼疾宜居南方和煖之地不宜久留北土惟郡家
不能然館情願代父服勞在此子前至汴梁依其外舅許
碩甫幕中乎徽州妹婿皆有閱歷而人亦誠樸不得無營
愛注之全為父代庖俾某得南歸養疾而某之幕仍

留楊松待是妙，得以成全，為患已遂，誠非策，迄在即晤。

子保可自逍遙。左右勉供驅策，不勝翹跂待命之至。

特令奉閣請勛安，伏希垂詧。鍊石室